Fundamentos de web 2.0 y redes sociales. ADGG081PO

Julio Vílchez Beltrán

ic editorial

Fundamentos de web 2.0 y redes sociales. ADGG081PO
© Julio Vílchez Beltrán

1ª Edición

© IC Editorial, 2024

Editado por: IC Editorial
c/ Cueva de Viera, 2, Local 3
Centro Negocios CADI
29200 Antequera (Málaga)
Teléfono: 952 70 60 04
Fax: 952 84 55 03
Correo electrónico: iceditorial@iceditorial.com
Internet: www.iceditorial.com

ISBN: 978-84-1184-346-1
Depósito Legal: MA 2048-2024

Impresión: PODiPrint
Impreso en Andalucía – España

Nota de la editorial: IC Editorial pertenece a Innovación y Cualificación S. L.

Especialidad formativa

Se entiende por especialidad formativa la agrupación de contenidos, competencias profesionales y especificaciones técnicas que responde a un conjunto de actividades de trabajo enmarcadas en una fase del proceso de producción y con funciones afines.

Las especialidades formativas de Uso General, Formación Complementaria, Formación Modular y las especialidades formativas dirigidas a la obtención de certificados de profesionalidad se incluyen en el Fichero de Especialidades del Servicio Público de Empleo Estatal para su gestión en todo el territorio nacional por cualquier Administración competente.

Las especialidades complementarias, pertenecen todas a la Familia profesional de Formación Complementaria (FCO) y tienen la consideración de formación transversal en áreas que se consideran prioritarias tanto en el marco de la Estrategia Europea para el Empleo y del Sistema Nacional de Empleo como en las directrices establecidas por la Unión Europea. Se consideran áreas prioritarias las relativas a tecnologías de la información y la comunicación, la prevención de riesgos laborales, la sensibilización en medio ambiente, la promoción de la igualdad, la orientación profesional y aquellas otras que se establezcan por la Administración competente.

Las especialidades de Certificado de profesionalidad tienen una duración especificada en su normativa reguladora.

En el resultado de la búsqueda, se muestran las unidades de competencia, todos los módulos formativos con su duración y las unidades formativas del certificado correspondiente, con su duración. Las horas del certificado, exclusivo de las especialidades de certificado de profesionalidad, con alta igual o superior a 2008, son las horas totales más las horas del módulo de Prácticas Profesionales no Laborales.

- ⮎ **Si la especialidad tiene unidades formativas,** las horas totales, presencial, distancia, teleformación serán igual a la suma de esas horas de las unidades formativas de los distintos módulos, sin que se repita ninguna Unidad formativa.

⮞ **Si la especialidad no tiene unidades formativas,** las horas totales, presencial, distancia, teleformación serán igual a las sumas de esas horas de los módulos formativos, eliminando las horas de los módulos repetidos.

https://sede.sepe.gob.es/especialidadesformativas/RXBuscadorEFRED/BusquedaEspecialidades.do

(Fuente: Servicio Público de Empleo Estatal)

Índice

OBJETIVOS GENERALES

Los objetivos generales del **ADGG081PO. Fundamentos de web 2.0 y redes sociales,** son los siguientes:

- ⮕ Adquirir conocimientos sobre el concepto de web 2.0. así como otros términos asociados a este y reconocer las aplicaciones que pueden darse en la empresa.
- ⮕ Comprender la revolución de la web 2.0.
- ⮕ Identificar servicios clave como blogs, wikis y redes sociales.
- ⮕ Analizar el impacto de la web 2.0 en el sector empresarial.
- ⮕ Explorar la evolución de la web 3.0.

Definición de web 2.0

Contenido

1. Introducción
2. ¿Qué es la web 2.0?
3. Resumen

Objetivos

El objetivo general de esta Unidad de Aprendizaje es:

→ Comprender la revolución de la web 2.0.

El objetivo específico de esta Unidad de Aprendizaje es:

→ Conocer las características principales de la web 2.0.

1. Introducción

Se hace necesario, o al menos oportuno, plantearnos una serie de cuestiones, con el fin de establecer y analizar el punto de partida desde el que iniciamos nuestra singladura a través del **mundo web 2.0.**

¿Qué entendemos por web 2.0?, ¿qué utilidades y herramientas 2.0 utilizamos hasta ahora?, ¿soy miembro de alguna red social?, ¿la utilizo en todas sus posibilidades?, ¿nos consideramos usuarios 2.0?, ¿consideramos que la web 2.0 es útil para nuestras vidas?, ¿qué puede traer de positivo para nuestro desarrollo personal, social y profesional?, ¿qué de bueno y malo tiene la web 2.0?, etc.

En esta última década la información se ha convertido en el motor de los cambios sociales, empresariales, culturales, educativos, etc.

Las nuevas tecnologías y los nuevos entornos aparecieron en nuestras vidas casi sin darnos cuenta. Su aparición trajo consigo no sólo una de las más potentes herramientas de comunicación, sino una nueva forma de entender y configurar la sociedad, con todo lo bueno y malo que esto comporta.

El hecho de que la comprensión de nuestro entorno haya cambiado, trae consigo una nueva percepción de nuestro papel en este mundo de la tecnología. Nos hemos visto abocados a una adaptación, en muchos casos, apresurada y forzosa.

2. ¿Qué es la web 2.0?

Al buscar los **orígenes de la web 2.0** habrá que mencionar dos grandes mejoras en la tecnología de los ordenadores. Por un lado, internet, que tiene su origen en *Arpanet,* creada a finales de los años 60 a instancias del Departamento de Defensa de los Estados Unidos. Por otro lado, una década después, el reemplazo de las memorias con núcleos magnéticos por chips de silicio y la integración de más componentes por chip.

Estos dos grandes avances fueron necesarios para que **Tim Berners** crease la *World Wide Web* en Europa. Gracias a esta comenzó el intercambio de información entre universidades, científicos, etc., hasta que poco a poco internet llegó al resto de personas.

En un primer momento, la información o la forma de acceso a internet no eran iguales a como las entendemos hoy día. En sus inicios, internet presentaba páginas estáticas HTML que no se actualizaban. La información se movía en una única dirección, de la web a la persona y lo que primaba en muchos casos era la estética de la web y el número de visitas que una página concreta conseguía. Esta forma estática de internet es lo que se conoce como **web 1.0** (Bernabé, 2011).

Estructura de la Web 1.0

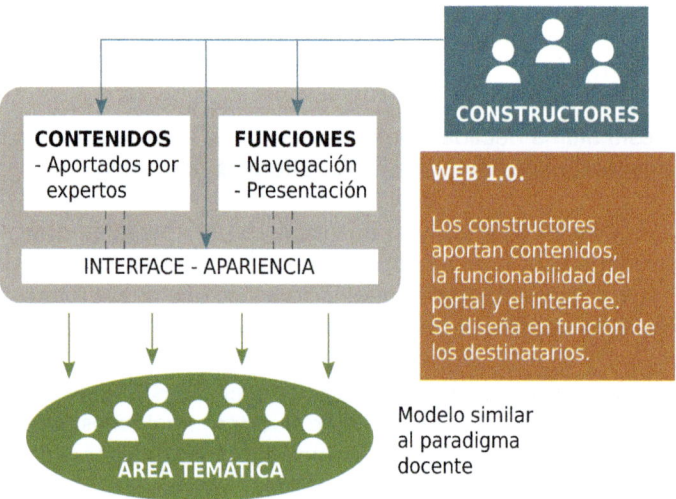

Modelo similar al paradigma docente

 **NOTA**

Bernabé Soto (2011) define la web 1.0 como páginas estáticas que apenas sufrían cambios aunque adoptasen diferentes formas: webs personales, de empresa, etc., destacando que solo los foros de opinión se convirtieron en una excepción a este tipo de web.

A partir del año 2000, el gran avance y evolución tecnológica hace que surja la web 2.0: páginas web dinámicas e interactivas. Fue **Dale Dougherty** de *O´Reilly Media* quien empezó a hablar de la **web 2.0.**

Dale Dougherty se encontraba recopilando ideas para una conferencia. En una lluvia de ideas con **Craig Cline** de *MediaLive,* Dougherty sugirió que la web estaba en un renacimiento, con reglas que cambiaban y modelos de negocio que evolucionaban y empezó a catalogar diferentes webs en dos tipos, las web 1.0 y las web 2.0. Dougherty puso los siguientes ejemplos:

A partir de esas ideas, O´Reilly reclutó a John Battelle para dar una perspectiva empresarial, y desde *O'Reilly Media, Battelle,* y *MediaLive* lanzaron su primera conferencia sobre la **web 2.0 en octubre del 2004,** y que después siguió celebrándose anualmente en San Francisco.

En la charla inicial del *Web Conference* se habló de los principios que tenían las aplicaciones web 2.0:

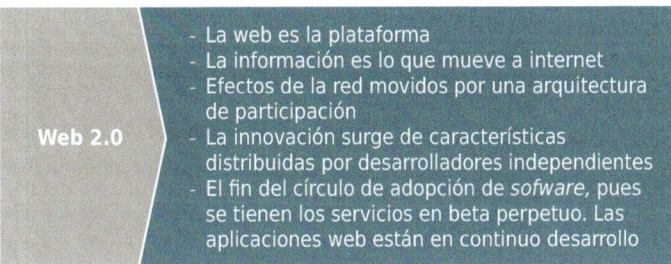

Con "web 2.0" se hace referencia a una serie de **aplicaciones y páginas de internet** que utilizan la inteligencia colectiva para proporcionar **servicios interactivos en red** dando al usuario el **control de sus datos.**

La web 2.0 es la transición que se ha producido de aplicaciones tradicionales hacia aplicaciones que funcionan a través de **webs enfocadas al usuario final.** Se trata de aplicaciones que generen colaboración y de servicios que reemplacen las aplicaciones de escritorio (Van Der Henst, 2011).

Ribes (2007) indica que "podemos entender que la web 2.0 son todas aquellas utilidades y servicios de internet que se sustentan en una base de datos, la cual puede ser modificada por los usuarios del servicio, ya sea en su contenido (añadiendo, cambiando o borrando información o asociando datos a la información existente), en la forma de presentarlos o en contenido y forma simultáneamente".

Basándonos en Tim O´Reilly (2006), presentamos a continuación el **Mapa Meme** (*meme:* es un neologismo inventado por Richard Dawkins por su semejanza fonética al término *gen* (en inglés) y que se refiere a la información mínima acumulada en nuestra memoria y captada generalmente por imitación [mimesis, por enseñanza o por asimilación]) que este autor, uno de los creadores de este concepto, elaboró para explicar el significado de la web 2.0:

Mapa Meme de la web 2.0

Flickr, delicious, marcar con etiquetas, no taxonomías	*Gmail, Google, Ajax,* experiencias de usuarios/as	Wikipedia, confianza radical
PageBack, Ebay, amazon, la persona usuaria como contribuidora	*Google AdSence,* autoservicio del cliente para posibilitar la carga	*BitTorrent,* descentralización radical

	Posicionamiento estratégico:	
Una actitud, no una tecnología	**Posicionamiento estratégico:** - La web como plataforma **Posicionamiento de la persona ususaria:** - Tú controlas tus propios datos **Competencias clave:** - Servicios y no software empaquetado. - Arquitectura de participación. - Escalabilidad rentable. - Fuentes de datos susceptibles de mezclas y transformaciones de los datos. - *Software* no limitado a un solo dispositivo. - Aprovechamiento de la inteligencia colectiva.	Confía en los y las usuarias
La larga cola		Ricas experiencias
Los datos como el Intel in side		Pequeñas piezas unidas, la web como componente
La beta perpetua		Direccionamiento granular del contenido
Jugar		

El derecho a mezclar algunos derechos reservados	*Sofware* que mejora a medida que la gente los usa	Es emergente, el comportamiento de la persona usuaria no está determinado

Leyenda:
_____ Enfoques
_____ Aplicaciones

Si se atiende al mapa, se podría pensar que la web 2.0, más que una tecnología, es una actitud en la que las personas que utilizan los servicios **no son solo lectoras, sino creadoras.**

NOTA

Como se observa en el mapa, en la web 2.0 lo que tiene más importancia, y prácticamente lo que lo define, es la labor de la persona y el resultado de la interacción de esta en la red así como las tecnologías que permiten esta interacción, esta sociabilización de la información y las herramientas que dan la posibilidad de combinar datos y crear algo nuevo a partir de estas interacciones.

Un sitio web 2.0 será tal si se ajusta a las descripciones y aspectos que Tim O´Reilly expuso en el Mapa Meme expuesto. Johnson, R. (2007), basándose en estas características, hace una buena exposición de **cuándo una web es web 2.0:**

➲ Cuando el contenido que se genera, es **fácilmente exportable a otras fuentes,** siendo posible mezclarlo con otros servicios. Ejemplo: blogs, wikis, *Google Maps, Flickr* o cualquier *feed* RSS.
➲ Cuando las personas, de forma propia, crean **estructuras de participación y autorregulación** que mejoran los contenidos del sistema. Esto define lo que se conoce como "el sistema mejora mientras más se utiliza" y el "Beta perpetuo". Por ejemplo, *Wikipedia, eBay,* o *Amazon.*
➲ Cuando posee una usabilidad y estructura tal que permite la **generación de redes de usuarios o agrupación** *online.* La facilidad de uso junto con funcionalidades de redes, son las principales características del crecimiento de sitios como *Facebook, MySpace, Bligoo, Modyo,* etc.
➲ Cuando los datos se transforman en información y la información en conocimiento. Es la característica de los sitios de *crowdsourcing,* o sitios en donde el trabajo de muchos usuarios se convierte en mejores soluciones para ciertas problemáticas, por ejemplo, *Innocentive.*
➲ Cuando la organización de los contenidos se gestionan con estructuras emergentes de categorización, tales como *tags,* o indexadores de contenidos, como por ejemplo *Delicious.*
➲ Cuando la usabilidad del sitio enriquece la experiencia del usuario mediante mejoras técnicas de interacción, como por ejemplo *Ajax* en *Gmail.*

Por tanto, se pueden sintetizar algunos conceptos que configuran la web 2.0, así como una tecnología común y herramientas para compartir.

Los **conceptos que configuran la web 2.0** son los siguientes:

- Socialización o punto de encuentro.
- Sitios web como plataformas.
- Uso de tecnología que permite mayor interacción con el servidor.
- El usuario es el protagonista que llena la web de contenidos.
- El *software* es un producto y no un servicio.
- La web se personaliza, se "customiza" (del término inglés *custom).*
- Es participativa y colaborativa.

La **tecnología común de las web 2.0** sería:

- Transformar *software* de escritorio hacia la plataforma web.
- Respeto a los estándares como el XHTML.
- Separación de contenido del diseño con uso de hojas de estilo.
- Sindicación de contenidos.
- *Ajax (JavaScript* asincrónico y XML).
- Uso de *Flash, Flex* o *Lazlo.*
- Uso de *Ruby on Rails* para programar páginas dinámicas.
- Utilización de redes sociales al manejar usuarios y comunidades.
- Dar control total a los usuarios en el manejo de su información.
- Proveer API o XML para que las aplicaciones puedan ser manipuladas por otros.
- Facilitar el posicionamiento con URL sencillos.

Y las **herramientas:**

- **Blogs.** La blogosfera es el conjunto de blogs que hay en internet. Un blog es un espacio web personal en el que su autor (puede haber varias personas autorizadas) puede escribir cronológicamente artículos, noticias, etc., (con imágenes, vídeos y enlaces), pero además es un espacio colaborativo donde los lectores también pueden escribir sus comentarios a cada uno de los artículos (entradas/*post)* que ha realizado el autor.
- **Wikis.** En hawaiano *wikiwiki* significa: rápido, informal. Una wiki es un espacio web corporativo, organizado mediante una estructura hipertextual de páginas (referenciadas en un menú lateral), donde varias personas elaboran contenidos de manera asíncrona. Basta pulsar el botón **Editar** para acceder a los contenidos y modificarlos. Suelen mantener un archivo histórico de las versiones anteriores y facilitan la realización de copias de seguridad de los contenidos. Hay diversos servidores de wiki gratuitos.
- **Entornos para compartir recursos.** Todos estos entornos permiten almacenar recursos en internet, compartirlos y visualizarlos cuando nos convenga desde internet. Constituyen una inmensa fuente de recursos y lugares donde publicar materiales para su difusión mundial.

⊃ **Documentos.** Se pueden subir los propios documentos y compartirlos, embebiéndolos en un blog o wiki, enviándolos por correo.

⊃ **Vídeos.** Al igual que los documentos, anteriormente mencionados, se puede "embeber" un vídeo tomado de algún repositorio que lo permita, tal como *YouTube*.

⊃ **Presentaciones.** De manera similar, hay servicios *online* como *Prezi, Slideshare* o *Issuu,* que permiten bien realizar o alojar una presentación que podemos mostrar *online* directamente en la web de dichos servicios o insertando el código de inserción que facilitan en un blog, web, wiki, etc.

⊃ **Fotos.** En internet se puede encontrar un significativo número de sitios web donde poder alojar imágenes y fotografías propias como *Flickr, Photobucket* o *ImageShack.*

⊃ **Plataformas educativas.** Otras de las herramientas que se pueden encontrar son las plataformas educativas, que ofrecen un buen número de recursos didácticos y educativos para su utilización bien directamente en el aula o a través de internet.

⊃ **Aulas virtuales (síncronas).** El número de LMS *(Learning Management System)* o aulas virtuales ha crecido de forma exponencial en los últimos años, ofreciendo herramientas muy completas y de uso intuitivo para la impartición de cursos *online.* Algunas de las herramientas de uso más extendido son *Moodle, Dokeos* o *Chamillo.*

⊃ **Redes sociales.** Las redes sociales, tanto las genéricas como *Facebook* o *Instagram* como las específicas como *Edmodo,* ofrecen un lugar ideal para el intercambio de ideas, experiencias, así como para la difusión de información.

Según **Anibal de la Torre,** en su bitácora:

La web 2.0 es, por tanto, una forma de entender Internet que promueve que la organización y el flujo de información dependan del comportamiento de las personas que acceden a ella, permitiéndoles un acceso más fácil y centralizado a los contenidos y su participación con herramientas fáciles de usar.

Gráfico diferencial entre la Web 1.0 y la Web 2.0

Esta transición en internet desde las webs tradicionales a las aplicaciones web centradas en el usuario hace que la web 2.0 se caracterice por aspectos como los que se mencionan a continuación:

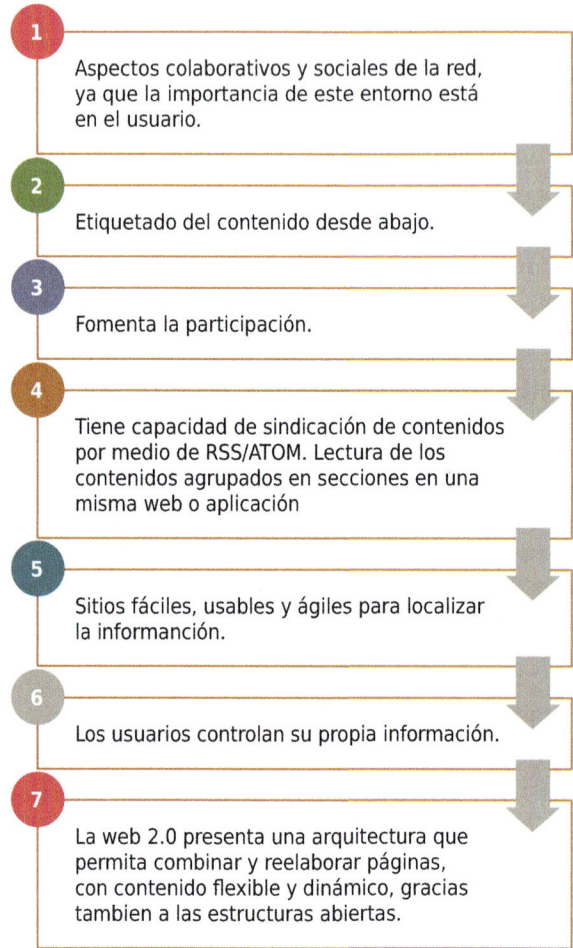

1 Aspectos colaborativos y sociales de la red, ya que la importancia de este entorno está en el usuario.

2 Etiquetado del contenido desde abajo.

3 Fomenta la participación.

4 Tiene capacidad de sindicación de contenidos por medio de RSS/ATOM. Lectura de los contenidos agrupados en secciones en una misma web o aplicación

5 Sitios fáciles, usables y ágiles para localizar la informanción.

6 Los usuarios controlan su propia información.

7 La web 2.0 presenta una arquitectura que permita combinar y reelaborar páginas, con contenido flexible y dinámico, gracias también a las estructuras abiertas.

Con lo explicado hasta el momento, pueden apreciarse ya muchas de las características que diferencian la web 2.0 de su predecesora, la web 1.0. Se muestran en la siguiente tabla:

Características	Web 1.0	Web 2.0
Tipo de web	Estática	Dinámica y colaborativa
Tecnologías asociadas	HTML, *Gif*	*Ajax*, DOM, *Soap*, XML, *Ruby*
Arquitectura	Cliente-servidor	Servidor web/*Desktops Apps*
Mezclas	En un bloque único de información/ de un servidor	Integrabilidad de elementos de distintas webs
Acceso a la información	Página a página, favoritos	*Pull*. Sindicación. RSS/ ATOM. *Podcasting*
Desarrollo	HTML	XHTML/CSS, módulos, otros: *Ajax*, DOM, microformatos
Intervención de la persona usuaria	Lectura o comentarios	Lectura, escritura y publicación
Otras características	- Información centralizada. - Sitios con contenidos de alta y baja calidad administrados por un *webmaster*. - Información poco actualizada. - *Softwares* tradicionales. - Contenidos y sitios más bien estáticos. - Diseño y producción a cargo de quienes conocen sobre informática. - Sitios con fines generalmente comerciales. - *Software* con licencias pages. - Función: difundir información.	- Información descentralizada. - Amplia diversidad en contenidos administrados por usuarios. - Información en permanente cambio. - *Software* y aplicaciones que no requieren de su instalación en el PC para utilizarlos. - Contenidos y sitios flexibles, en permanente transformación. - Diseño y producción sin necesidad de grandes conocimientos de informática. Accesibles y prácticos. - Sitios con fines diversos; en la mayoría de los casos, la construcción de comunidades que comparten intereses, prácticas, información, etc. - Softwares gratuitos para el usuario. - Función: producir, diseñar, construir y compartir información en diferentes soportes.

ACTIVIDAD COMPLEMENTARIA

1. Busca información sobre las características de la denominada web 3.0 y determina sus similitudes y diferencias con la web 2.0.

El propio Tim O´Reilly (2006) en su famoso artículo *Qué es web 2.0. Patrones del diseño y modelos del negocio para la siguiente generación del software,* **elaboró un gráfico comparativo entre la web 1.0 y la web 2.0** con el objeto de diferenciar y aclarar qué suponía la web 2.0. De hecho, dicho gráfico es el que se realizó en esa lluvia de ideas de la que partió el concepto de web 2.0 explicada en el apartado 2. A continuación se muestra un gráfico en el que se asocian diferentes enfoques o aplicaciones a la web 1.0 o a la web 2.0.

Relaciones entre la web 1.0 y la web 2.0

Web 1.0	Web 2.0
- *DobleClick* - *Ofoto* - *Akamai* - *mp3.com* - Britanica *Online* - Sitios web personales - evite - Especulación con nombres de dominio - *Page view* - *Screen scraping* - Publicación - Sistema de gestión de contenidos - Directorios - Adherencia	- *Google AdSense* - *Flickr* - *BitTorrent* - *Napster* - Wikipedia - El *Blogging* - *Upcoming.org y EVDB* - Optimización del motor de búsqueda - Coste por clic - *Web services* - Participación - Wikis - Marcas por etiquetas - Sindicación de contenidos

IMPORTANTE

Tim O´Reilly (2006) describe la web 2.0 y su diferencia con la anterior (web 1.0) a través de dos principios fundamentales: "la web como plataforma" y "el aprovechamiento de la inteligencia colectiva".

En cuanto a **la web como plataforma,** indica que a diferencia de lo que ocurría en la web 1.0, en la web 2.0, en una página, cada banner actúa como elemento que facilita la cooperación transparente entre dos website, proporcionando una página integrada a un lector en otro ordenador.

En cuanto al **aprovechamiento de la inteligencia colectiva,** este autor indica que este es precisamente el éxito de muchas compañías que han sobrevivido en estos tiempos de crisis y que lideran la era de la web 2.0.

¿En qué consiste esta **explotación colectiva?** Tim O´Reilly lo explica a través de los siguientes aspectos:

- **Hipervínculos:** constituyen los cimientos de la web. A medida que los usuarios agregan nuevo contenido y sitios web nuevos, se enlazan con la estructura de la web gracias a otros usuarios que descubren el contenido y enlazan con él.
- *Yahoo!:* fue la primera gran historia del éxito de internet, nació como un catálogo, o un directorio de enlaces *(links),* un agregado del mejor trabajo de millones de usuarios de la web. Tim O´Reilly (2006) destaca este éxito a su papel como portal de trabajo colectivo.
- *Google:* su innovación en la búsqueda, que rápidamente le convirtió en el indiscutible líder del mercado de la búsqueda, fue *PageRank,* un método para usar la propia estructura de enlaces de la web para proporcionar mejores resultados de búsqueda, en lugar de usar solo las características de los documentos.
- *eBay:* su producto es la actividad colectiva de todos sus usuarios; como la web en sí misma, *eBay* crece orgánicamente en respuesta a la actividad del usuario, y el papel de la compañía es el de habilitador de un contexto en el cual pueda tener lugar esa actividad del usuario. Es más, la ventaja competitiva de *eBay* proviene casi enteramente de la masa crítica de compradores y de vendedores, que convierten a cualquier nuevo competidor que ofrezca servicios similares en alguien significativamente menos atractivo.
- *Amazon:* es una de las empresas que más vende actualmente por internet, disponiendo sus productos de reseñas elaboradas por los usuarios, que ejercen una gran influencia en la decisión de compra. Esta página monitoriza la actividad del usuario para producir mejores resultados de búsqueda.

Las **compañías innovadoras que aprovechan la inteligencia colectiva** son sin duda las que siguen extendiéndose dejando su marca en la web. Según este autor, son las siguientes:

- *Wikipedia:* es una enciclopedia en línea basada en la idea de que una entrada puede ser agregada por cualquier persona usuaria de la web, y corregida por cualquier otra persona. *Wikipedia* está ya entre las 100 webs más visitadas. *Wikipedia* ha supuesto un cambio profundo en la generación de contenidos, que es una de las características de la web 2.0.

- **Delicious y Flickr:** sitios como estos han promovido un concepto que alguna gente llama *folksonomy* (folcsonomía), un estilo de clasificación colaborativa de sitios usando palabras clave libremente elegidas, a menudo denominadas etiquetas *(tags).* El marcado con etiquetas permite la clase de asociaciones múltiples y solapadas que el propio cerebro humano utiliza, en lugar de categorías rígidas. En el ejemplo canónico, una foto de *Flickr* de un cachorro puede ser marcada con la etiqueta tanto "cachorro" como "lindo", permitiendo la recuperación siguiendo los mismos ejes naturales generados por la actividad del usuario (Tim O´Reilly, 2006).
- **Cloudmark:** los productos de filtrado cooperativo de *spam* como **Cloudmark** agregan decisiones individuales de las personas usuarias de correo electrónico sobre qué es y qué no es *spam*.

Las mejores historias de éxito de internet no anuncian sus productos, son las propias personas las que se hacen recomendaciones de unas a otras. Esto Tim O´Reailly lo llama ***"marketing* viral",** este autor nos dice: "Usted puede casi asegurar que si un sitio o un producto confían en la publicidad para conseguir el impulso necesario, no es web 2.0". Incluso gran parte de la **infraestructura de la web** (incluyendo *Linux, Apache, MySQL, Perl,* y PHP, o el código de *Python,* incluido en la mayoría de los servidores web), confía en los métodos de producción entre pares *(peer-production)* del *software* abierto, en sí mismo un ejemplo de inteligencia colectiva y habilitadora por la red. Hay más de 100.000 proyectos de *software* abierto listados en *SourceForge.net.* Cualquier persona puede agregar un proyecto, cualquier persona puede descargarse y utilizar el código, y los nuevos proyectos emigran de los extremos al centro como resultado de ser puestos en funcionamiento por los usuarios. Un proceso orgánico de adopción del *software* que se basa casi enteramente en el *marketing* viral (Tim O´Reilly, 2006).

RECUERDA

En definitiva, lo que se destaca en este segundo principio, es que las contribuciones de las personas usuarias son la clave para dominar el mercado de la web 2.0. Esto refuerza si cabe aún más el concepto de web 2.0 como una web social y colaborativa.

 **TAREA 1**

Gerardo es dueño de una pequeña fábrica de cerámica en Plasencia y quiere dar a conocer su negocio. Por ello ha decidido crear un blog en el que poder compartir sus conocimientos sobre el tema.

Determina las características que deberá tener en cuenta Gerardo para que su página web pueda ser catalogada como una web 2.0.

3. Resumen

Con **web 2.0** se hace referencia a una serie de aplicaciones y páginas de internet que utilizan la inteligencia colectiva para proporcionar servicios interactivos en red dando al usuario el control de sus datos.

Johnson, R. (2007), hace una buena exposición sobre dichas características, exponiendo cuándo una web es web 2.0:

- Cuando el contenido que se genera, es fácilmente exportable a otras fuentes, siendo posible mezclarlo con otros servicios. Ejemplo: blogs, wikis, *Google Maps, Flickr* y cualquier *feed* RSS.
- Cuando las personas, de forma propia, crean estructuras de participación y autorregulación que mejoran los contenidos del sistema. Esto define lo que se conoce como "el sistema mejora mientras más se utiliza" y el "Beta perpetuo". Por ejemplo, *Wikipedia, eBay* y *Amazon*.
- Cuando posee una usabilidad y estructura tal, que permite la generación de redes de usuarios o agrupación *online*. La facilidad de uso junto con funcionalidades de redes, son las principales características del crecimiento de sitios como *Facebook, MySpace, Bligoo, Modyo,* etc.
- Cuando los datos se transforman en información y la información en conocimiento. Es la característica de los sitios de *crowdsourcing,* o sitios donde el trabajo de muchos usuarios se convierte en mejores soluciones para ciertas problemáticas, por ejemplo, *Innocentive.*
- Cuando la organización de los contenidos se gestiona con estructuras emergentes de categorización, tales como Tags, o indexadores de contenidos, como por ejemplo *Delicious.*
- Cuando la usabilidad del sitio enriquece la experiencia del usuario mediante mejores técnicas de interacción como por ejemplo *Ajax* en *Gmail.*

[23]

Algunas de las características que diferencian la web 2.0 de su predecesora, la web 1.0., se ven en la siguiente tabla:

Características	Web 1.0	Web 2.0
Tipo de web	Estática	Dinámica y colaborativa
Tecnologías asociadas	HTML, *Gif*	*Ajax*, DOM, *Soap*, XML, *Ruby*
Arquitectura	Cliente-servidor	Servidor web/*Desktops Apps*
Mezclas	En un bloque único de información/ de un servidor	Integrabilidad de elementos de distintas webs
Acceso a la información	Página a página, favoritos	*Pull.* Sindicación. RSS/ ATOM. *Podcasting*
Desarrollo	HTML	XHTML/CSS, módulos, otros: *Ajax*, DOM, microformatos
Intervención de la persona usuaria	Lectura o comentarios	Lectura, escritura y publicación

Ejercicios de autoevaluación
Unidad de Aprendizaje 1

1. ¿Cuándo se considera que una web es 2.0?

    a. Cuando el contenido que se genera es difícilmente exportable a otras fuentes.
    b. Cuando las personas por sí mismas crean estructuras de participación y autorregulación.
    c. Cuando posee una usabilidad y estructura que permite la generación de redes de usuarios.
    d. Cuando la información se transforma en datos, y los datos en lenguaje CSS.

2. Identifica cuál de los siguientes elementos se considera tecnología común que utilizan las web 2.0.

    a. Socialización.
    b. Sitios web como plataformas.
    c. Sindicación de contenidos.
    d. Blogs.

3. El espacio web corporativo organizado mediante una estructura hipertextual, donde varias personas elaboran contenidos de forma asíncrona se denomina:

    a. Blog
    b. Blogosfera
    c. Prezi
    d. Wiki

4. Identifica cuáles de las siguientes características son propias de la web 2.0.

    a. Estática.
    b. Dinámica.
    c. Información descentralizada.
    d. Sitios con fines generalmente comerciales.

Servicios asociados

Contenido

Objetivos

El objetivo general de esta Unidad de Aprendizaje es:

→ Identificar servicios clave como blogs, wikis y redes sociales.

El objetivo específico de esta Unidad de Aprendizaje es:

→ Conocer las principales características de los servicios asociados a la web 2.0.

1. Introducción

Del mismo modo que nuestro **aprendizaje individual** ha ido cambiando, también lo ha hecho el **aprendizaje colectivo,** desarrollado en espacios de intercambio de ideas, de conversación, de publicación de contenidos, espacios para compartir información, etc.

Esta **evolución** viene marcada por las diferentes **características de las herramientas web 2.0** que han proporcionado a nuestra forma de aprender, de comunicarnos, de mantener negocios, etc., una nueva y muy diferente perspectiva.

Este tipo de herramientas permiten y facilitan la creación y la edición de contenidos, buscando la difusión de información, en muy diversos formatos y en muy diferentes plataformas. Los medios y canales a utilizar son muy diversos. A continuación veremos algunas de las posibles herramientas más populares y conocidas, lo cual no implica que se puedan utilizar aplicaciones similares y con iguales finalidades.

2. Blogs

Los **blogs** son espacios virtuales que permiten publicar en línea de forma instantánea.

Sus características principales son:

BLOG

- **Configuración cronológica.** Puede recoger una amplia tipología de aportaciones tomando forma de diario, de noticias, opiniones, enlaces, etc.
- Pueden incluirse **todo tipo de recursos,** de sonido, vídeo, escritos, imágenes, etc.
- Además del creador del blog, cualquier persona autorizada por el administrador del blog, puede **insertar aportaciones.**
- Otras características son: coste cero, actualizable con frecuencia, fácil de editar, etc.

A lo largo de su corta historia, se han ido desarrollando múltiples perfiles en relación a la utilización, la temática, etc., que de ellos se ha ido haciendo.

Una de las líneas de mayor impacto y de mayor aplicación ha sido la **educativa,** aunque está creciendo su utilización en empresas, instituciones oficiales, y colectivos de muy diverso carácter.

Las posibilidades que los blogs ofrecen al docente, al investigador o a cualquier profesional son muy amplias, pudiéndose encontrar blogs de todas las temáticas, utilidades y aplicados a casi todas las profesiones.

Desde un **punto de vista educativo,** se ha creado un término específico para esta opción, el de *Edublog.* Puedes ver un ejemplo en el siguiente enlace:

https://redirectoronline.com/adgg081po0201

Esta herramienta, comparándola con otros servicios de internet, desempeña varias **funciones:**

Como buscador	Como correo electrónico	Como foro
Ofrece enlaces relacionados de interés	Ofrece el mismo estilo informal	En el sentido que los usuarios pueden realizar comentarios, opinar,etc

RECUERDA

Todo ello puede verse enriquecido con imágenes, vídeos, textos, etc., como anteriormente se indicaba.

Desde una **perspectiva puramente educativa,** son recursos cada vez más utilizados y están principalmente relacionados en la **promoción de la lectura, de la escritura, de los comentarios reflexivos y fundamentados,** además de la adquisición de **habilidades de comunicación.**

En esta línea de trabajo, también se potencia una **estrategia de construcción de contenidos de forma comunitaria,** constituyéndose en una potente herramienta para la configuración de potenciales comunidades virtuales de trabajo. Es en esta línea en la que las **empresas** están comenzando a utilizar los blogs como herramientas de comunicación y opinión horizontal entre empleados, de organización del trabajo o difusión de informes, resultados, etc.

No podemos determinar el número de blogs existentes en España nacidos en empresas, pero sí se pueden establecer diferentes tipos de blogs corporativos, siguiendo la clasificación que varios autores han intentado realizar, presentada en un estudio titulado: *Los blogs en la comunicación empresarial en España:*

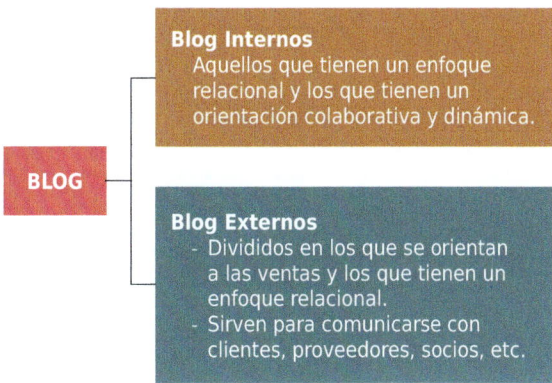

De uno u otro tipo, los blogs corporativos persiguen una serie de **objetivos,** según **Enrique Dans:**

Estos blogs, buscan, en cualquier caso, abrir horizontes tecnológicos, humanos o de recursos a la empresa a la que representan, bien de la mano de los directivos, como de expertos de los diferentes departamentos, o bien de colectivos de empleados.

Del mismo modo, en el ámbito formativo, muchas de las experiencias educativas en las que se utilizan este tipo de recursos, no son usadas por los alumnos, sino por los propios docentes como espacios para la comunicación, la difusión de su trabajo, o el intercambio de opiniones, ideas y experiencias, etc.

 PARA SABER MÁS

Si deseas obtener más información sobre blogs corporativos, puedes ver el de Enrique Dans accediendo desde aquí:

https://redirectoronline.com/adgg081po0101

2.1. Estructura y configuración

Como anteriormente comentamos, su configuración se basa en la cronología, pues las aportaciones que los participantes realizan, se quedan organizadas según se han ido insertando (en lenguaje 2.0 "posteando").

 DEFINICIÓN

Postear
Remitir un mensaje al público mediante un foro, bitácora, grupo de noticias u otro medio informático similar.

Dentro de los blogs pueden darse múltiples **funciones** e incorporarse diversos servicios:

BLOG	- El sistema de incorporación de archivos. - Enlaces relacionados con la temática central del blog. - El perfil del creador, etc. - La posibilidad de consultar las aportaciones anteriores. - Los comentarios.

En base a esto, la **estructura básica de un blog** es la siguiente, teniendo en cuenta lo recogido por **Contreras, F.,** en su artículo *Weblogs en educación,* habiendo sido completado en base a su propia experiencia:

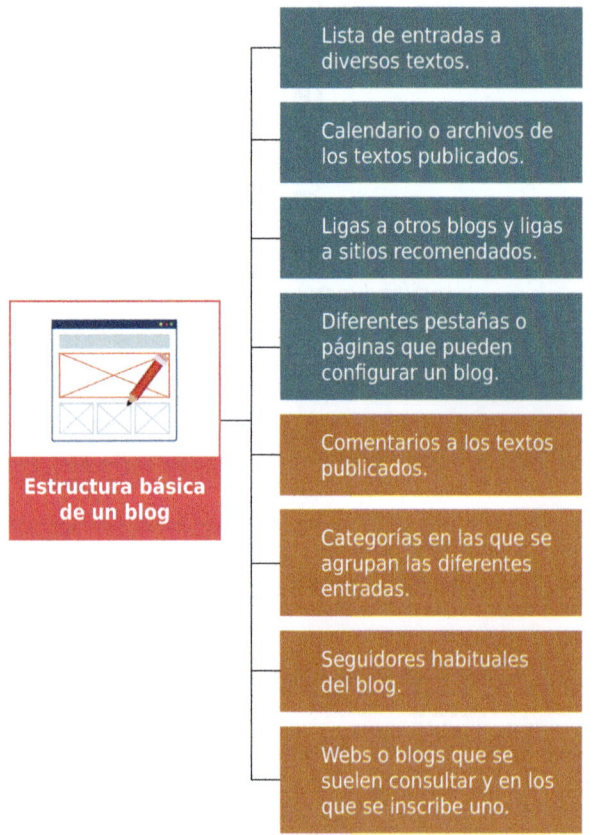

A continuación se incluye un **ejemplo gráfico** de cuáles pueden ser las **diferentes partes de un blog,** y una de sus posibles **distribuciones.**

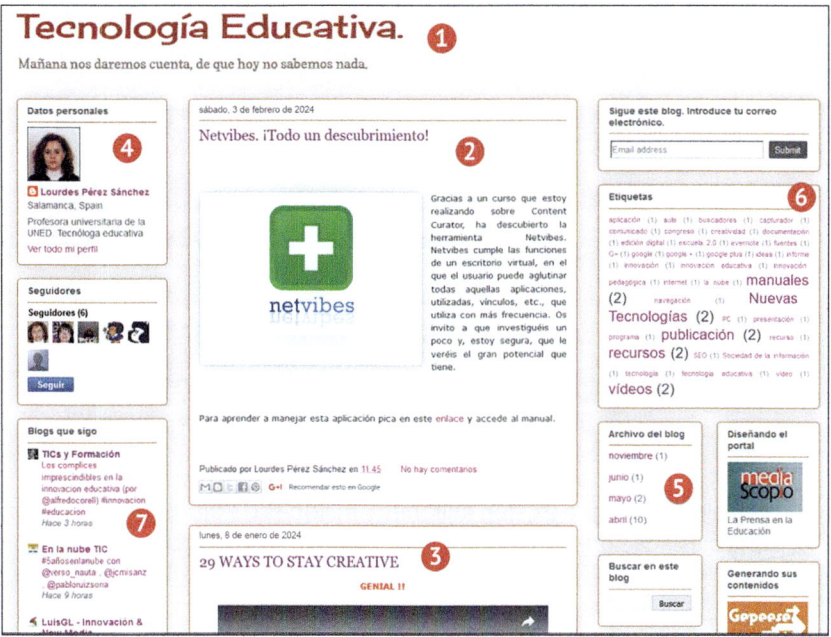

1. Título del blog.
2 y 3. Ejemplos de entradas *posteadas,* donde aparecen los siguientes elementos:

- Título de la entrada.
- Fecha de publicación.
- Texto de la entrada.
- Autoría, etiquetas que lo clasifican, etc.

4. Perfil de la autora.
5. Clasificación temporal por meses.
6. Categorías que clasifican las diferentes entradas. Si clicamos sobre una de las categorías, se visionarán todas aquellas entradas que fueron etiquetadas con dicho descriptor.
7. Blogs que el autor consulta o a los que estás inscrito o sindicado.

2.2. Tipología

Podríamos establecer varias **tipologías o clasificaciones de los blogs,** teniendo en cuenta:

Considerando que existen millones y millones de blogs, llegar a determinar una clasificación para todos, es prácticamente imposible.

2.3. Requisitos para su configuración, diseño y creación

Para configurar o diseñar un blog, el usuario no requiere poseer conocimientos de lenguaje html, como los requeridos para el diseño web. Se puede realizar a través de **plantillas predefinidas** evitando perder tiempo en el diseño, pudiendo centrarse directamente en el contenido o en el trabajo objeto del blog.

Esto es posible, gracias a la existencia de espacios en la red donde el usuario puede personalizar su blog, como son los dos que a continuación incluimos.

◎ EJEMPLO

Como en todos los diferentes elementos, aplicaciones o espacios, en internet existen numerosos ejemplos, accede desde aquí a cada uno de ellos:

Continúa en página siguiente >>

<< Viene de página anterior

Bitacoras	Blogalia
https://redirectoronline.com/adgg081po0102	https://redirectoronline.com/adgg081po0103

Blogia	Webblogssl
https://redirectoronline.com/adgg081po0104	https://redirectoronline.com/adgg081po0103

TypePad	Xanga
https://redirectoronline.com/adgg081po0106	https://redirectoronline.com/adgg081po0107

Aunque el uso de cualquiera de los anteriores, o cualquier otro que podáis conocer es tan válido como los presentados aquí, nos hemos decantado por los dos siguientes que, a continuación veremos, por ser los más populares y conocidos: *Blogger* y *Wordpress*.

Logotipo de Blogger

Para crear un blog debemos **registrarnos** en la respectiva página y comenzar la creación que generalmente será **guiada** por la propia página.

En el caso de **Blogger** al ser una herramienta de *Google,* teniendo una cuenta de *Gmail* podrás iniciar sesión y comenzar la creación del blog.

Crear un Blog en Blogger

 **PARA SABER MÁS**

Si quieres acceder a la página web de Blogger o Wordpress y obtener más información sobre estos blogs, puedes hacerlo desde aquí:

Blogger	Wordpress
https://redirectoronline.com/adgg081po0108	*https://redirectoronline.com/adgg081po0109*

---

3. Wikis

Las **wikis** son entornos organizados mediante una **estructura hipertextual de páginas** que pueden ser visitadas, editadas y modificadas por cualquier persona.

 SABÍAS QUE...

Como nota curiosa, un breve comentario sobre su nombre, pues viene del hawaiano, de la expresión "wiki wiki" que significa rápido.

La **principal diferencia** entre las wikis y las *weblog,* es que estas últimas cuentan con un titular de la página, y los visitantes solo pueden dejar comentarios. En cambio, en las wikis se puede participar, ampliar y modificar sus páginas.

Esta condición permite crear y mejorar las páginas de forma instantánea, dando libertad al usuario y de forma muy sencilla. Esta característica que puede considerarse una ventaja, puede, en ocasiones, convertirse en un inconveniente, pues también es fácil de borrar, modificar o introducir información no deseada para los vándalos de la red.

Su principal característica es la de ser una aplicación de **carácter colaborativo,** pues los documentos que se van insertando pueden irse completando de forma colaborativa con las aportaciones de los diferentes usuarios.

Dependiendo del **ámbito** de que se trate, pueden utilizarse de diferente manera:

- **Ámbito de la educación:** su uso puede orientarse en dos posibles líneas:

  - Elaboración de documentos colaborativos por los profesores: enciclopedias, manuales, proyectos.
  - Elaboración de documentos colaborativos por los estudiantes: apuntes de clase, trabajos conjuntos, etc.

- **Ámbito de la empresa:** siguiendo a **Javier Celaya** y **Pablo Herrera, (2007),** las wikis pueden tener diversas utilidades, como por ejemplo:

  - Wiki interno dentro de una empresa para el intercambio de ideas de trabajo, unidades de negocio, etc.
  - Creación del manual de bienvenida de nuevos empleados en formato wiki para actualizar colectivamente todas las secciones del mismo.
  - Creación de wikis por proyecto para que los empleados puedan generar y actualizar documentos e información relacionados con la documentación de un proyecto.
  - Las wikis son una buena herramienta dentro de un plan de *marketing* interno, ya que permiten una mayor comunicación entre la empresa y el empleado.
  - Wikis de atención al cliente con un listado actualizado de las principales preguntas y respuestas.
  - Wikis de producto con todas sus funcionalidades, características, precios, opiniones de clientes, etc.
  - Agenda de reuniones en formato wiki con el fin de generar encuentros más participativos.

A continuación describiremos brevemente una de las wikis más famosas y conocidas por los usuarios de la web, la **Enciclopedia** *Wikipedia.*

3.1. *Wikipedia*

La enciclopedia *Wikipedia,* es la wiki más conocida por todos, seguro que en alguna ocasión la has utilizado.

Wikipedia

Aunque la opción más conocida es la de búsqueda de términos y conceptos, *Wikipedia,* como describe en su propia página web, cuenta con una serie de proyectos hermanos que complementan a la enciclopedia. Todos ellos son multilingües, libres, apoyados en la tecnología wiki y administrados por la **Fundación Wikimedia.** Incluyen los siguientes:

- ➲ ***Wikcionario:*** es el proyecto de la Fundación *Wikimedia* para la construcción de un diccionario libre. Tiene una función complementaria a *Wikipedia,* ya que un gran número de artículos, por su carácter no enciclopédico, se destinan al diccionario.
- ➲ ***Wikilibros:*** tiene por objetivo poner a disposición de cualquier persona libros de texto, manuales, tutoriales u otros textos pedagógicos de contenido libre y de acceso gratuito.
- ➲ ***Wikiversidad:*** apoyada en el anterior, se propone como una plataforma educativa en línea, libre y gratuita, donde es posible crear proyectos de aprendizaje a cualquier nivel educativo, participar en un grupo de aprendizaje, crear contenidos didácticos tales como exámenes, ejercicios de prácticas, etc.
- ➲ ***Wikiquote:*** es un compendio abierto en línea de frases célebres en todos los idiomas, incluyendo las fuentes (cuando estas se conocen).
- ➲ ***Wikinoticias:*** es una fuente de noticias de contenido libre.

- ⮣ **Wikisource:** es una biblioteca en línea de textos originales que hayan sido publicados con una licencia GFDL o se encuentren en dominio público.
- ⮣ **Wikimedia Commons:** también recibe los nombres de "Commons" o "La Comuna", es un depósito común de imágenes y contenido multimedia para los proyectos hermanos de la Fundación *Wikimedia*. Antes de su existencia, para usar una imagen en una cierta *Wikipedia* había que subirla a la edición correspondiente, con lo que se clonaba el mismo contenido varias veces, algo realmente ineficiente. Para ello se usaban *scripts* de subida masiva, que ahora han caído en desuso por la existencia de *Commons*.
- ⮣ **Meta-Wiki:** es un sitio web de apoyo para los proyectos de la Fundación Wikimedia.
- ⮣ **Wikiespecies:** es un repertorio abierto y libre de especies biológicas. Se cubren animales, plantas, hongos, bacterias, unicelulares y toda forma de vida.

 PARA SABER MÁS

Si quieres obtener más información sobre las serie de wikis vistas anteriormente, puedes hacerlo desde aquí:

Wikcionario	**Wikilibros**

https://redirectoronline.com/adgg081po0110	*https://redirectoronline.com/adgg081po0111*

Continúa en página siguiente >>

<< Viene de página anterior

Wikiversidad

https://redirectoronline.com/adgg081po0112

Wikiquote

https://redirectoronline.com/adgg081po0113

Wikinoticias

https://redirectoronline.com/adgg081po0114

Wikisource

https://redirectoronline.com/adgg081po0115

Wikimedia Commons

https://redirectoronline.com/adgg081po0116

Meta-Wiki

https://redirectoronline.com/adgg081po0117

Continúa en página siguiente >>

<< Viene de página anterior

Wikiespecies

https://redirectoronline.com/adgg081po0118

3.2. Estructura

Las **wiki** son entornos organizados mediante una **estructura hipertextual de páginas** que pueden ser **visitadas, editadas y modificadas por cualquier persona.** Cuentan con estructuras de navegación no lineal, pues una misma wiki puede contener un gran número de vínculos a otras páginas.

Esta posibilidad de hipervinculación, permite desarrollar relaciones y vínculos entre wikis, creándose así, **comunidades wiki.** Esta opción permite poder entrar e introducir información en distintas wiki, vinculadas entre sí.

Como antes se indicaba, la facilidad que proporcionan las wikis a la hora de ser modificadas, también lo es para ser muy vulnerables al vandalismo. Este busca en muchas ocasiones, borrar contenidos, introducir errores, agregar contenidos inapropiados u ofensivos, etc., esto viene determinado por la filosofía que siguen estas páginas, que se basan en la "fácil corrección de los errores", en vez de que sea "difícil cometerlos".

Dada esta problemática, se han buscado algunas **soluciones** como las que se incluyen en su propia página web, se exponen a continuación:

> Revertir rápidamente sus cambios, para que así se desanimen.

Continúa en página siguiente >>

<< *Viene de página anterior*

Bloquearlos temporalmente por su nombre de usuario o dirección IP, de tal forma que no puedan seguir editando.
Esta solución se ve dificultada por las IP aleatorias y el uso de proxys abiertos.

Si se produce siempre en una misma página, el bloqueo de esa página.

No permitir editar páginas sin estar registrado.

En casos extremos (generalmente, ataques por medio de herramientas automáticas), bloquear la base de datos del wiki, no permitiendo así ningún tipo de edición.

Esta **vulnerabilidad** es **reflejo del fácil manejo para realizar las aportaciones.** Casi todas las wiki presentan un **menú vertical a la izquierda,** donde se incluyen elementos o herramientas de carácter general que van orientadas a facilitar la navegación (enlaces de la propia wiki, cambios recientes, enlaces a la comunidad wiki a la que pertenece, ayuda, etc.), ofrecer herramientas de apoyo (subir archivos, citar artículos, versión de impresión, lo que enlaza a esa wiki, etc.), proporcionar un buscador en la propia página, etc. Además, cuenta con los recursos propios para **editar y añadir comentarios** por parte de los usuarios.

3.3. Requisitos para su creación

Para participar y realizar aportaciones a las wiki, no se requieren conocimientos de programación, lenguaje html, ni nada parecido, pues la propia wiki ofrece las herramientas necesarias para realizar los aportes.

Suelen incluir **botones de acceso a espacios para la edición** que hacen fácil la tarea: **Editar** o **Escribe aquí,** son las formas de indicar el espacio para realizar el comentario o aportación al artículo.

Existen numerosos espacios que nos ofrecen la posibilidad de crear una wiki. La mayoría de ellos no son gratuitos e implican el conocimiento, por parte del usuario, de conceptos de programación, lenguajes, redes y servidores.

 **EJEMPLO**

Entre algunos ejemplos de espacios wiki más destacados encontramos MediaWiki, Pbworks, Tikiwiki, para obtener más información de estos puedes hacerlo accediendo desde aquí:

MediaWiki

https://redirectoronline.com/adgg081po0119

Pbworks

https://redirectoronline.com/adgg081po0120

Tikiwiki

https://redirectoronline.com/adgg081po0161

Las opciones que nos permiten los diferentes sitios (que varían si son wikis de pago o no), son muy numerosas. En los espacios wiki podemos insertar:

Vídeos: desde *YouTube* o *Dale al Play.*

Continúa en página siguiente >>

<< Viene de página anterior

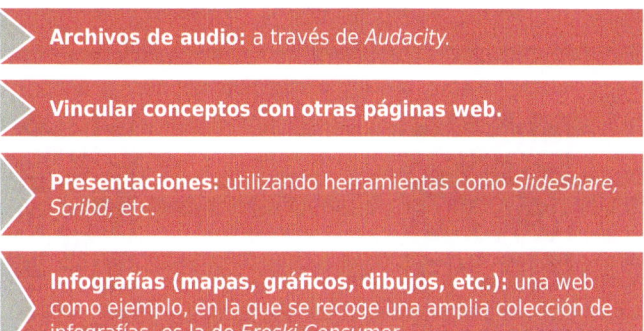

Archivos de audio: a través de *Audacity*.

Vincular conceptos con otras páginas web.

Presentaciones: utilizando herramientas como *SlideShare, Scribd*, etc.

Infografías (mapas, gráficos, dibujos, etc.): una web como ejemplo, en la que se recoge una amplia colección de infografías, es la de *Eroski Consumer*.

PARA SABER MÁS

Si quieres conocer en profundidad los distintos sitios que puedes insertar en un espacio wiki, puedes hacerlo accediendo desde aquí:

Youtube	Dale al play
https://redirectoronline.com/adgg081po0122	*https://redirectoronline.com/adgg081po0123*

Continúa en página siguiente >>

<< Viene de página anterior

Audacity	**SlideShare**
https://redirectoronline.com/adgg081po0170	*https://redirectoronline.com/adgg081po0125*
Scribd	**Eroski Consumer**
https://redirectoronline.com/adgg081po0126	*https://redirectoronline.com/adgg081po0127*

ACTIVIDAD COMPLEMENTARIA

2. Elabora un listado en el que recojas las principales similitudes y diferencias entre el blog y la wiki.

4. Redes sociales

Durante los años de evolución de internet, **el usuario ha pasado de ser un mero observador, a ser un participante activo.** Han pasado de ser espectadores y consumidores de información que unos pocos ofrecían, a ser usuarios generadores de contenidos, ofreciéndolos dónde y a quienes desean.

Esta transformación o cambio de rol, unido a la **aparición de herramientas** como los blogs, el correo electrónico, los chats, etc., han contribuido a cambiar la percepción de la realidad virtual, por parte del usuario, y a generar una serie de relaciones tanto personales, educativas, como profesionales, dando lugar a las **redes sociales** tal y como se conocen actualmente.

En las redes sociales en internet tenemos la posibilidad de interactuar con otras personas aunque no las conozcamos, el sistema es abierto y se va construyendo, obviamente, con lo que cada suscrito a la red aporta, cada nuevo miembro que ingresa transforma al grupo en otro nuevo. La red no es lo mismo si uno de sus miembros deja de ser parte.

Las redes sociales en internet posibilitan que pluralidad y comunidad se conjuguen, y es esto, lo que en gran medida, proporciona la energía que da vida a los grupos humanos que conforman esas redes.

La fuerza del grupo permite al individuo realizar cambios que de otra manera podrían ser difíciles, y genera nuevos vínculos afectivos y de negocios.

 CONSEJO

En una red de la que eres miembro, es aconsejable ser activo, participar, ganar credibilidad, no intervenir sólo cuando se necesita algo.

Los nuevos usos se consolidaron con la aparición de páginas como *Facebook, X, Myspace, Orkut, Sonico, Hi5* (redes sociales de carácter personal o de ocio) o *Xing, LinkedIn, Viadeo, Ziki* (redes de carácter profesional), *Del.ici.ous, Fotolog, Flickr,* etc., centrados en ofrecer espacios para la comunicación, el intercambio de intereses, las relaciones, el conocimiento, el ocio, los negocios, y un largo etcétera.

Estas redes o comunidades de usuarios permiten establecer contacto, virtual o real, con otras personas, compartir información, comunicarse, establecer nuevos contactos, realizar negocios, celebrar encuentros, desarrollar acciones formativas, etc.

Desde una perspectiva más general, las redes sociales tienen muy diversas utilidades. Tal y como se recoge en el libro *Redes sociales for rookies,* entre las **funciones principales de las redes sociales** destacan:

Contactos sociales y de ocio	- Encontrar nuevos amigos. - Encontrar personas con tus mismos gustos e intereses. - Mantener contacto con amigos o familiares. - Recuperar el contacto con viejos amigos.
Contactos profesionales	- Localizar a personas con perfiles profesionales similares o complementarios al nuestro. - Ampliar la red de contacto. - Contactar con expertos. - Crear un grupo en torno a una temática, interés, investigación. - Desarrollo de una marca personal y publicidad. - Compartir información: cualquier tipo de información, profesional, personal, gustos, etc.

Siguiendo a **Enrique Jarne Munilla** en su artículo *Redes sociales en Internet: conocer, utilizar, aprovechar,* destacamos también las siguientes funciones:

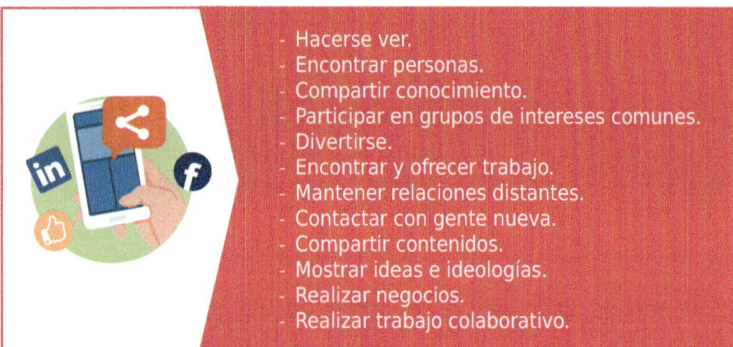

- Hacerse ver.
- Encontrar personas.
- Compartir conocimiento.
- Participar en grupos de intereses comunes.
- Divertirse.
- Encontrar y ofrecer trabajo.
- Mantener relaciones distantes.
- Contactar con gente nueva.
- Compartir contenidos.
- Mostrar ideas e ideologías.
- Realizar negocios.
- Realizar trabajo colaborativo.

Teniendo estas cuestiones en cuenta, hemos de considerar que estos espacios son para dar de nosotros una **buena imagen** (especialmente en lo que al terreno laboral respecta), y por tanto, no solo hemos de ingresar y abrir nuestro perfil, sino también, debemos mantenerlo, actualizarlo, pulirlo, etc.

Así mismo, debemos tener en cuenta que se hace necesario desarrollar un **comportamiento respetuoso** con los demás usuarios, cuidando el lenguaje, comentarios, informaciones colgadas, etc.

Existen diferentes tipos de clasificaciones de las redes sociales. Fundamentalmente, y con carácter muy genérico, hay **dos tipos de redes:**

Además, establecemos para las ya de carácter virtual, la clasificación que se presenta en el siguiente epígrafe.

4.1. Según el tipo de usuario y la temática

Podemos distinguir redes sociales: horizontales y verticales.

Horizontales

Son aquellas que están **orientadas a todo tipo de público y sin una temática determinada.** La entrada y la participación son **libres y sin un fin definido.**

Las más conocidas son:

⊕ PARA SABER MÁS

Si deseas consultar las redes sociales comentadas anteriormente, puedes hacerlo accediendo desde aquí:

Continúa en página siguiente >>

<< Viene de página anterior

Facebook	Myspace
https://redirectoronline.com/adgg081po0128	https://redirectoronline.com/adgg081po0129
Hi5	X
https://redirectoronline.com/adgg081po0130	https://redirectoronline.com/adgg081po0131

Verticales

Redes sociales creadas en torno a una **temática o eje aglutinador.** Se busca reunir en torno a una temática a un colectivo concreto.

A su vez se dividen en:

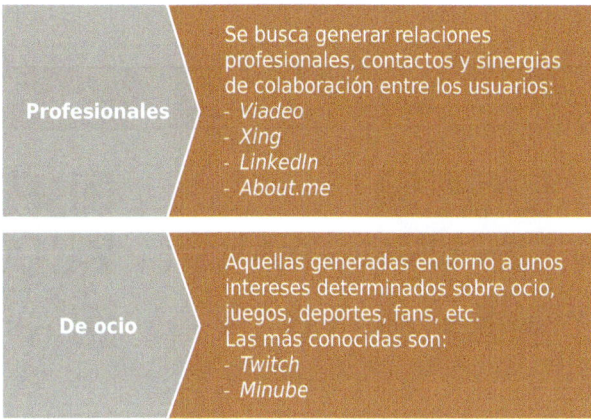

Profesionales — Se busca generar relaciones profesionales, contactos y sinergias de colaboración entre los usuarios:
- *Viadeo*
- *Xing*
- *LinkedIn*
- *About.me*

De ocio — Aquellas generadas en torno a unos intereses determinados sobre ocio, juegos, deportes, fans, etc. Las más conocidas son:
- *Twitch*
- *Minube*

⊕ PARA SABER MÁS

Si quieres conocer más en profundidad las redes sociales profesionales y de ocio, comentadas anteriormente, puedes hacerlo accediendo desde aquí:

Viadeo	*Xing*
https://redirectoronline.com/adgg081po0132	https://redirectoronline.com/adgg081po0133

Continúa en página siguiente >>

<< Viene de página anterior

LinkedIn	About.me

https://redirectoronline.com/adgg081po0134 *https://redirectoronline.com/adgg081po0162*

Twitch	Minube

https://redirectoronline.com/adgg081po0163 *https://redirectoronline.com/adgg081po0164*

4.2. Según el sujeto principal

Según este criterio de clasificación, distinguimos estos tipos de redes sociales:

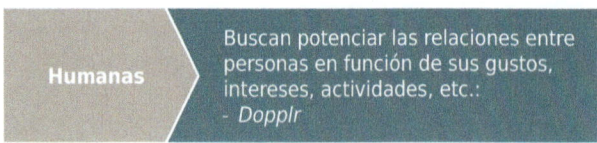

Humanas — Buscan potenciar las relaciones entre personas en función de sus gustos, intereses, actividades, etc.:
- Dopplr

Continúa en página siguiente >>

<< Viene de página anterior

De contenidos — Este tipo de redes está determinado por el tipo de contenido publicado (fotografías, presentaciones, documentos, vídeos, etc.):
- *Scribd*
- *Flickr*
- *YouTube*

PARA SABER MÁS

Si deseas conocer más sobre las redes sociales humanas y de contenido, comentadas anteriormente, puedes hacerlo accediendo desde aquí:

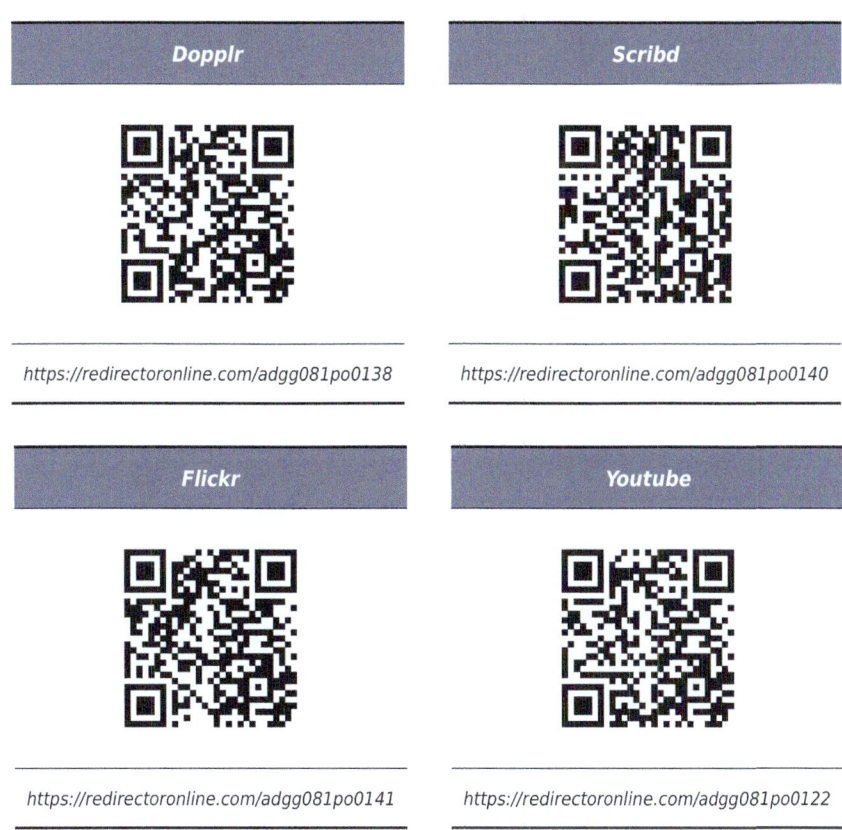

Dopplr	Scribd
https://redirectoronline.com/adgg081po0138	https://redirectoronline.com/adgg081po0140

Flickr	Youtube
https://redirectoronline.com/adgg081po0141	https://redirectoronline.com/adgg081po0122

Desde un punto de vista general, y aplicables a cualquier tipo de red, el usuario de las redes sociales, según Jarne Munilla, ha de tener en cuenta **10 consejos básicos** que deben guiar su actuación en estos espacios:

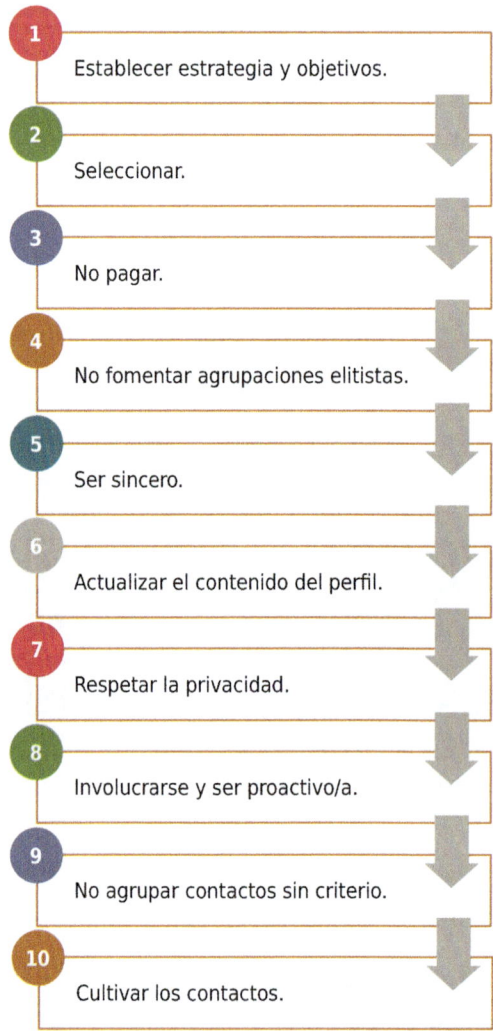

1. Establecer estrategia y objetivos.
2. Seleccionar.
3. No pagar.
4. No fomentar agrupaciones elitistas.
5. Ser sincero.
6. Actualizar el contenido del perfil.
7. Respetar la privacidad.
8. Involucrarse y ser proactivo/a.
9. No agrupar contactos sin criterio.
10. Cultivar los contactos.

4.3. Requisitos para el uso correcto de las redes sociales

Según **Carlos Vialfa,** en su *post* sobre redes sociales profesionales, publicado en *Kioskea.net,* establece que se han de cumplir una serie de

requisitos para poder hacer un uso correcto de estos espacios; estos se explican a continuación.

Enriquecer el perfil

Se debe enriquecer el perfil, y para ello se tendrán en cuenta las siguientes premisas:

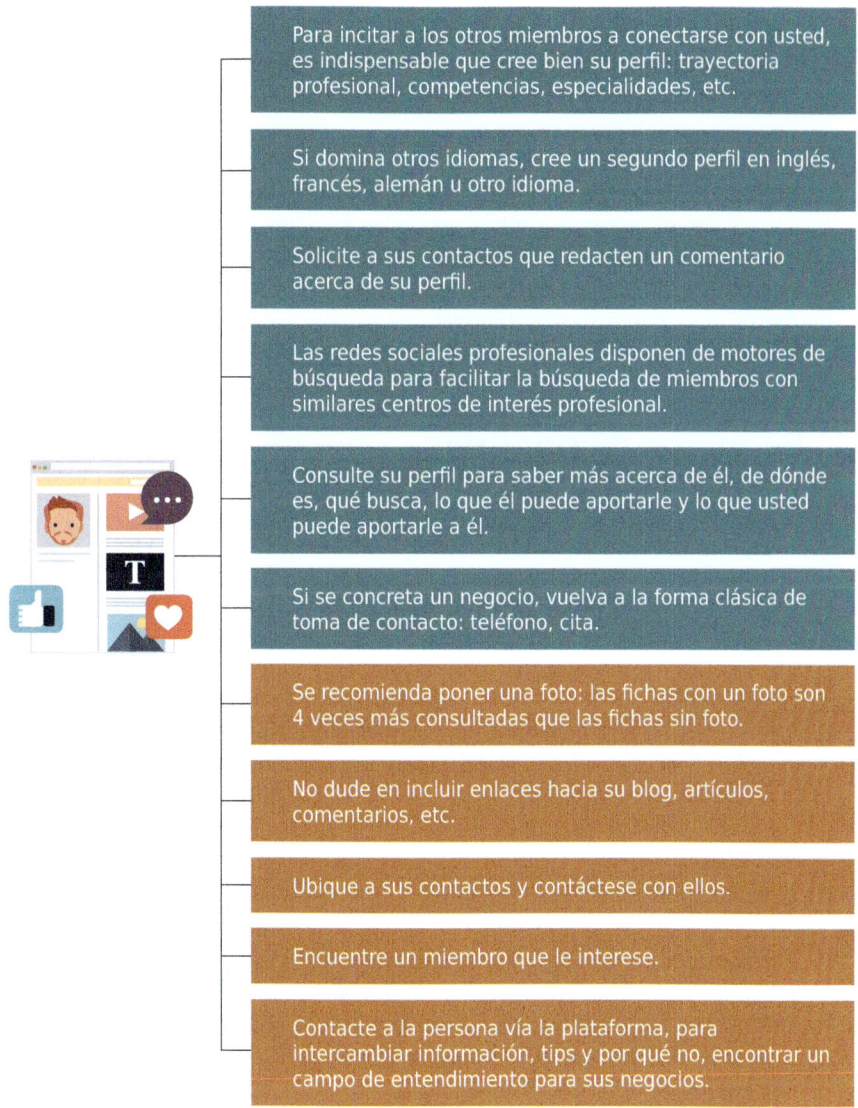

Para incitar a los otros miembros a conectarse con usted, es indispensable que cree bien su perfil: trayectoria profesional, competencias, especialidades, etc.

Si domina otros idiomas, cree un segundo perfil en inglés, francés, alemán u otro idioma.

Solicite a sus contactos que redacten un comentario acerca de su perfil.

Las redes sociales profesionales disponen de motores de búsqueda para facilitar la búsqueda de miembros con similares centros de interés profesional.

Consulte su perfil para saber más acerca de él, de dónde es, qué busca, lo que él puede aportarle y lo que usted puede aportarle a él.

Si se concreta un negocio, vuelva a la forma clásica de toma de contacto: teléfono, cita.

Se recomienda poner una foto: las fichas con un foto son 4 veces más consultadas que las fichas sin foto.

No dude en incluir enlaces hacia su blog, artículos, comentarios, etc.

Ubique a sus contactos y contáctese con ellos.

Encuentre un miembro que le interese.

Contacte a la persona vía la plataforma, para intercambiar información, tips y por qué no, encontrar un campo de entendimiento para sus negocios.

Cantidad y calidad de su participación

Los beneficios que sacará de sus intervenciones en las redes sociales profesionales dependerán de **cuánto participe y la calidad de estas.** Es necesario tener una **participación activa, de búsqueda y toma de contacto.** Para esto, se recomienda inscribirse en los grupos de discusión o crear uno.

Intercambio y confianza mutua

La **noción de intercambio** es esencial en las redes sociales profesionales. Usted da para recibir recomendaciones, consejos, proposiciones, etc. Este intercambio favorece la creación de un **clima de confianza,** que facilitará la toma de contacto y la negociación.

Lo que no debe hacer: interesarse en las redes sociales cuando está necesitado. Se recomienda utilizar las redes sociales profesionales cuando no tiene necesidad, así el día en que esté buscando nuevas oportunidades, las personas a las que ayudó le ayudarán, sabiendo que cuanto más contactos tenga, mayor será su credibilidad.

5. Recursos disponibles

Además de los recursos vistos hasta ahora en relación a la web 2.0, existen muchos otros que vamos a nombrar a continuación.

5.1. Blogging

Son herramientas que nos ayudarán a mejorar el uso de nuestros blogs.

5.2. Calendario

El calendario es una herramienta que nos ayudará a organizarnos en el día a día. Uno de los más utilizados es *Google Calendar.* Para acceder al calendario tienes que tener una cuenta de correo de *Google,* y al acceder a él, podrás utilizarlo como si fuese una agenda tradicional. Podrás introducir recordatorios, eventos, alarmas, etc.

Una característica de estos tipos de calendario es que son **sincronizables con su *smartphone* o tableta,** de modo que pueda llevar la agenda siempre consigo.

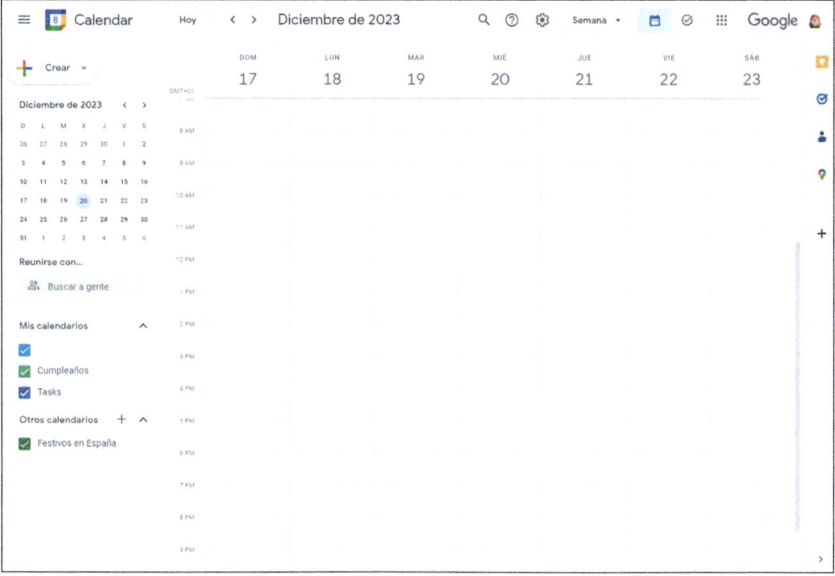

Google Calendar

 **PARA SABER MÁS**

Si deseas crear una cuenta de correo *Google* y tener acceso así a *Google Calendar,* puedes hacerlo desde aquí:

https://redirectoronline.com/adgg081po0142

5.3. Buscadores

La **búsqueda de información** es una de las principales razones de ser de internet. Se puede obtener información sobre diferentes temáticas, localizadas en distintos idiomas y/o puntos geográficos.

Existen infinidad de **servidores que comparten dicha información en la red.** Organismos públicos, universidades, empresas y hasta particulares, comparten la información que manejan con el público que quiera consultarla. Esta información puede ir desde el resultado de un estudio científico hasta el horario de apertura de una tienda, pasando por el pronóstico del tiempo para un día concreto.

Como se ha dicho, la red es muy amplia y existe gran cantidad de información no siempre ordenada y organizada. Para encontrar algo de forma más o menos sencilla, es muy recomendable utilizar buscadores.

Uno de los buscadores más utilizados es *Google.*

Buscador Google

 **PARA SABER MÁS**

Si quieres consultar cualquier información utilizando el buscador *Google,* puedes acceder a él desde aquí:

Continúa en página siguiente >>

<< Viene de página anterior

https://redirectoronline.com/adgg081po0143

5.4. Marcadores Sociales de Favoritos

Son herramientas que se utilizan para **administrar los contenidos** que han tenido mayor relevancia, se administran los *links* tanto de: blogs, vídeos, música, libros, páginas web, etc.

 **EJEMPLO**

Unos de los marcadores sociales de favoritos más destacados son *delicious* y *Google Bookmarks.* Puedes conocerlos más en profundidad, accediendo desde aquí:

Delicious	Google Bookmarks
https://redirectoronline.com/adgg081po0165	*https://redirectoronline.com/adgg081po0160*

5.5. Almacenamiento en la web

Actualmente los métodos para la **transferencia de archivos** se han ido modernizando a un ritmo vertiginoso. Hace poco teníamos que guardar nuestros datos en un CD o DVD para poder transferirlos a otro ordenador, incluso hoy en día utilizamos las memorias USB para tal fin. Pero con los adelantos que está suponiendo internet, la transferencia de archivos se ha convertido en un **acto casi instantáneo.**

Esto es posible ya que hay ciertas empresas como *Google* o *Microsoft,* que ofrecen cierto espacio de almacenamiento en sus servidores, es lo que se conoce como "la nube". Al crear una cuenta con estas empresas nos ofrecen un espacio limitado de almacenamiento gratuito, que podrás incrementar pagando una tarifa establecida. Todos los ficheros que subas a la nube los podrás consultar desde cualquier dispositivo que tenga conexión a internet, ahorrando el tener que llevar dispositivos físicos para su almacenamiento.

La nube como nuevo almacén de archivos

 **EJEMPLO**

Algunos de los almacenamientos web más populares son *Google drive, Dropbox y OneDrive.* Si quieres obtener más información de ellos puedes hacerlo accediendo desde aquí:

Continúa en página siguiente >>

<< Viene de página anterior

Google drive	Dropbox

https://redirectoronline.com/adgg081po0146	*https://redirectoronline.com/adgg081po0147*

OneDrive

https://redirectoronline.com/adgg081po0148

5.6. Foros de discusión

Un foro es una estructura jerárquica que se compone de diferentes **grupos de conversación** que se llaman foros. Estos, a su vez, se componen de distintos temas o hilos. De este modo, alguien puede llegar (conociendo la dirección, a través de un *link* o de un buscador) a un foro de una temática concreta y, dentro de él, encontrar la especialización que desee.

Antes de empezar a utilizar un foro, a participar en él, sea como lector, como usuario con dudas o usuario que resuelve las de otros, es importante que conozcas algunos conceptos básicos de su estructura y funcionamiento, así como familiarizarte con los términos más utilizados en él. A continuación, se describen estos conceptos básicos:

- Cuando se accede a un foro, se obtiene una **lista de foros** (también llamados a veces subforos) que muestra las distintas temáticas de las que se trata en él. Estos foros marcarán la **estructura general del sitio** y es posible que puedas ver el nivel de actividad que tienen gracias a que marca el número de temas que tienen abiertos o incluso el número de mensajes que se han publicado.

- Un foro, a su vez, se compone de **hilos o conversaciones** dentro de dicha temática. Al acceder al foro (o subforo) que deseas, puedes elegir un hilo de la lista que aparece. En la lista puedes ver: título del hilo, el número de entradas (o participaciones) que tiene, qué usuario realizó la última y hace cuánto tiempo. Los hilos suelen ordenarse por últimas participaciones, así que, puedes encontrar los más activos al principio.

- Un **usuario o participante** debe elegir bien el foro donde plantear su duda o experiencia para que sea encontrada por los demás. Debe asegurarse de que la misma cuestión no está planteada previamente e incluso resuelta. Muchas veces, puede encontrar la respuesta a un problema que más personas han tenido y compartido. En cualquier caso, aunque estuviese planteada, puede participar igualmente aportando más información o nuevos puntos de vista.

- En un foro, los usuarios también pueden utilizar un *pseudónimo o nick.* En algunos de ellos, es necesario registrarse y, en otros, se accederá de forma pública. En cualquier caso, en el registro se puede decidir la cantidad de datos personales que da y si quiere o no que sean públicos para otros usuarios.

Una vez que conoce en qué consiste un foro, es posible que quiera acceder y participar en uno de ellos.

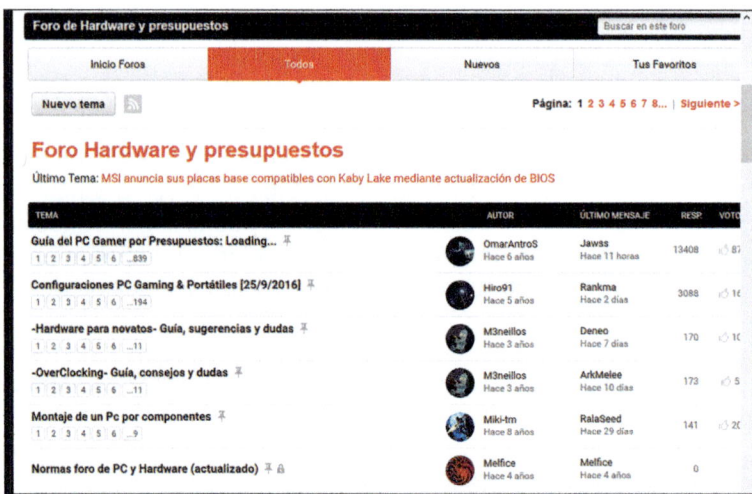

Ejemplo de foro

 **EJEMPLO**

Como se describió antes, puedes encontrar foros de diversas temáticas, Para visitar algunos de ellos, accede desde aquí:

Facilísimo	Enfemenino
https://redirectoronline.com/adgg081po0149	https://redirectoronline.com/adgg081po0150

ViaJoven	Foro Hardware
https://redirectoronline.com/adgg081po0151	https://redirectoronline.com/adgg081po0152

ADSLZone

https://redirectoronline.com/adgg081po0166

5.7. Correo electrónico

El correo electrónico *(e-mail)* es un servicio de red que permite a los usuarios **enviar y recibir mensajes rápidamente mediante sistemas de comunicación electrónicos.** Se utiliza este término para designar al sistema que provee este servicio en internet.

Para comprender el funcionamiento del correo electrónico, veamos simplificadamente cómo es todo el proceso. Cuando se envía un mensaje, lo primero que hace el ordenador local es transmitirlo a otro ordenador llamado **servidor de correo.** Este servidor de correo local, con el que nuestro ordenador puede entrar en contacto, recibe el mensaje, decide cuál es la mejor ruta para que el mismo llegue a destino, y lo transfiere a su vez a otro servidor de correo que se halla en el camino.

Este proceso se repite, de forma que el mensaje va saltando de un servidor a otro, hasta llegar al servidor que está en la misma red local que el ordenador destinatario del mensaje. Por último, el mensaje es transferido al ordenador final. Si en el camino hay algún ordenador o dispositivo fuera de servicio, el servidor correspondiente guarda el mensaje hasta que se solucione el problema y vuelve a enviarlo en el momento adecuado.

Cuando nos conectamos a internet, tendremos que pedir nuestro correo al servidor final, es decir, nuestro servidor de correo, que habrá guardado en nuestro buzón los *e-mails* recibidos para nosotros.

 IMPORTANTE

Al solicitar el correo al servidor es como si miráramos en el buzón de casa para ver si ha llegado correo postal.

Existen servicios de correo gratuitos. Normalmente, suelen incluir algo de publicidad en la página en la que lo consulten y su dirección de correo será del tipo: *nombredeusuario@servidorgratuito.com* (por ejemplo: *antonio@hotmail. com, antonio@gmail.com, antonio@yahoo.es,* etc.). Tienen la ventaja de poder ser consultados en cualquier equipo, sin necesidad de instalar un programa gestor de correo, aunque también pueden descargarse de ese modo si lo deseas. Este tipo de cuentas de correo son recomendables para correos personales, ya que dan una apariencia más informal si se utilizan como correo de empresa.

Este tipo de correo, que también se llama **webmail o correo web,** puede crearse con servidores como *Gmail, Yahoo, Microsoft Outlook,* etc., y se gestionan, como su propio nombre indica, a través de sus páginas web. Existe limitación de espacio para el envío y recepción, aunque en la práctica suele ser más que suficiente para el uso que se hace de los mismos.

 PARA SABER MÁS

Si quieres consultar los servidores *Gmail, Yahoo o Microsoft Outlook,* anteriormente mencionados, puedes hacerlo accediendo desde aquí:

Gmail	Yahoo

https://redirectoronline.com/adgg081po0154	*https://redirectoronline.com/adgg081po0155*

Microsoft Outlook

https://redirectoronline.com/adgg081po0156

5.8. Chat

El chat es una forma de **comunicación escrita inmediata entre dos o más personas a través de internet.** Proviene de una palabra inglesa que quiere decir charla y, como tal, ha derivado en la palabra **chatear** para designar esta práctica.

Un chat puede ser público o privado, es decir, puede tener lugar en una sala donde pueden acceder más usuarios y unirse a la conversación o bien ser una conversación restringida a dos o más personas.

Un programa para chatear muy extendido es *Skype.*

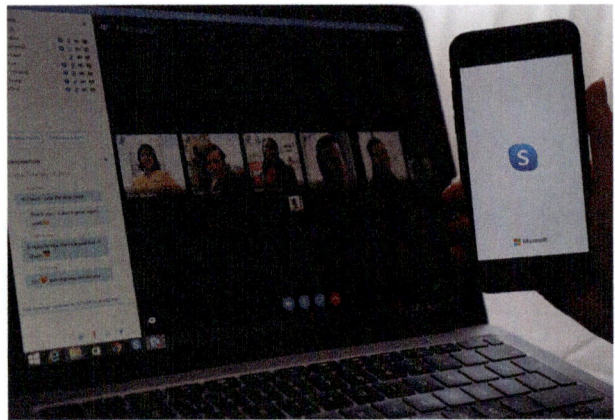

Skype. Fuente: Esragul / Shutterstock.com

 TAREA 2

Tras la apertura del nuevo blog de artesanía, Gerardo ha conocido otras herramientas relacionadas con la web 2.0 que son realmente útiles para compartir contenidos con otros usuarios.

Explica las principales características de cada uno de los servicios asociados a la web 2.0

6. Resumen

En los últimos años ha ido cambiando la forma de aprendizaje, pasando de individual a colectivo gracias a los espacios de internet que fomentan el intercambio de ideas, de conversación, de publicación de contenidos, etc.

Esta evolución ha sido posible gracias a las herramientas de la web 2.0, siendo las más destacables:

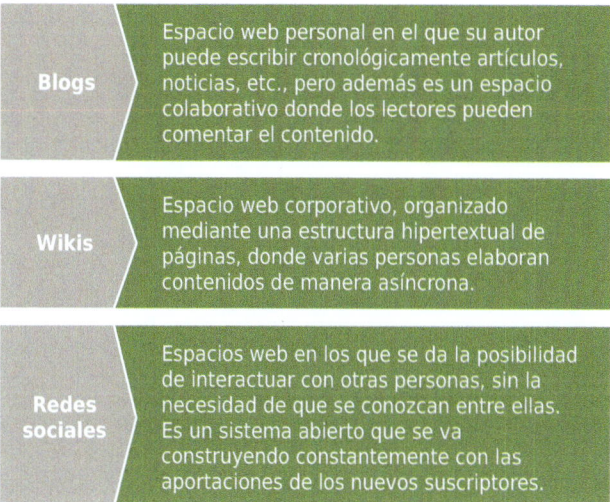

No obstante, además de estas herramientas, existen otros recursos propios de la web 2.0, estos son:

Ejercicios de autoevaluación
Unidad de Aprendizaje 2

1. Determina cuál es la línea de mayor impacto y de mayor aplicación en los blogs.

    a. La de consultas generales.
    b. La línea de consultas sobre el automóvil.
    c. La línea educativa.
    d. La línea financiera.

2. Los blogs que tienen un enfoque relacional y una orientación colaborativa y dinámica se denominan:

    a. Blogs internos.
    b. Blogs externos.
    c. Blogs sindicados.
    d. Blogs colaborativos.

3. Indica si las siguientes afirmaciones son verdaderas o falsas.

    a. La principal característica de las wikis es que son aplicaciones de carácter colaborativo.

        ■ Verdadero
        ■ Falso

    b. La principal diferencia entre las weblog y las wikis, es que estas últimas cuentan con un titular de la página, y los visitantes solo pueden dejar comentarios.

        ■ Verdadero
        ■ Falso

4. La wiki que tiene como objetivo poner a disposición de los usuarios un compendio de citas célebres se denomina:

    a. *Wikiversidad*
    b. *Wikicitas*
    c. *Wikiquote*
    d. *Wikilibros*

5. Las redes sociales en las que los usuarios se relacionan a través de medios electrónicos se denominan:

    a. Redes sociales *online*.
    b. Redes sociales de ocio.
    c. Redes sociales de internet.
    d. Redes sociales *offline*.

6. Identifica cuál de las siguientes herramientas se utiliza para administrar los contenidos que han tenido mayor relevancia.

    a. Motores de búsqueda.
    b. *Blogging*.
    c. Foros de discusión.
    d. Marcadores de favoritos.

Unidad de aprendizaje 3

Consecuencias de la web 2.0

Contenido

Objetivos

El objetivo general de esta Unidad de Aprendizaje es:

→ Analizar el impacto de la web 2.0 en el sector empresarial.

Los objetivos específicos de esta Unidad de Aprendizaje son:

→ Conocer la influencia de la web 2.0 en la sociedad.

→ Determinar por qué es necesario integrar la web 2.0 en las empresas.

1. Introducción

Las **consecuencias** que ha tenido la **aparición de la web 2.0** han sido muy notables tanto en el ámbito personal como en el profesional.

Uno de los impactos más fuertes ha sido que **cualquier persona puede publicar información** (noticias, grabar vídeos insólitos o incluso realizar entrevistas), tarea que antes era exclusiva de los medios de comunicación y de la prensa escrita.

La web 2.0 ha significado una **revolución en el ámbito empresarial,** hoy en día es posible tener una emisora de radio *online* o un blog informativo que supera el número de usuarios en sus formatos tradicionales. Es por esto que los medios han tenido que reinventarse y mostrar sus productos en la web.

Hoy en día, cualquier empresa que se precie ha de utilizar las herramientas que nos proporciona la web 2.0, e intentar llegar al máximo de usuarios posibles, ya que parte del éxito o del fracaso, estará ligado en gran medida a internet y las redes sociales.

2. Necesidad en la empresa

La web 2.0 y las redes sociales son fenómenos que, han supuesto un cambio radical en todos los ámbitos de la vida. A continuación realizaremos una breve descripción de lo que ha supuesto la aparición de las aplicaciones de la web 2.0 en los dos ámbitos sociales que más se han visto afectados: **el ámbito empresarial y el ámbito educativo.**

Esta revolución se traduce en un cambio en la manera de entender diversos aspectos relacionados directamente, en el caso de la empresa, por ejemplo, con **el** *marketing,* **la publicidad o con las relaciones sociales de sus empleados.** En el caso de la educación, nos encontramos con la misma ocurrencia; nacen nuevos recursos educativos a través de espacios que nos ofrece la web 2.0, que permiten al alumnado **participar y relacionarse.**

Sin duda, el mundo de la empresa es uno de los que más ha asimilado e incorporado a su forma de gestión y desarrollo todo lo relativo a estrategias, herramientas, recursos y espacios 2.0, tanto los orientados a los clientes como a los propios empleados.

José A. del Moral, en el blog de Alianzo, recoge las **características fundamentales** que deberían adornar a las empresas:

- **Horizontalidad.** "[...] que haya las mínimas jerarquías posibles. Esto es obvio. El empleado de una empresa en la que manda el conocimiento sabe que él es una pieza clave de todo el entramado y, por tanto, debe exigir una mayor participación en todas las decisiones. Esto se debe traducir, sobre todo, en que sus posibilidades de expresarse sean totales. El jefe debe seguir existiendo pero debe ser una persona plenamente disponible, [...]. Al mismo tiempo, los empleados también deben absorber muchas más responsabilidades para justificar esa horizontalidad".
- **Diversión.** "La empresa no puede ser todo en la vida de sus personas. [...]. Sí, el empleado 2.0 quiere que su trabajo sea creativo y enriquecedor. Y eso es fundamental. [...]".
- **Innovación.** "La empresa 2.0 debe estar permanentemente buscando nuevos retos. El empleado 2.0 es inquieto y abierto a explorar nuevas formas de hacer las cosas. Eso debe fomentarse desde la empresa. También los empleados 2.0 deben corresponder con un espíritu crítico que permanentemente les lleve a sugerir cambios y mejoras. [...]".
- **Colaboración.** "La empresa 2.0 debe fomentar el trabajo en equipo, porque de él salen decisiones y productos mucho más ricos. Lo mismo respecto a su colaboración con el entorno y, sobre todo, con sus clientes y proveedores. También hay que reivindicar el trabajo individual. Probablemente la receta ideal consiste en mezclar colaboración e individualismo en las dosis necesarias para que la maquinaria funcione".
- **Transparencia.** "[...] esto resulta fundamental para cualquier organización 2.0 y está relacionado con la horizontalidad. Es importante que los empleados tengan toda la información necesaria para poder participar en las decisiones. [...]".

Ciertamente, estas características harían de la empresa, una empresa ideal, aunque, si bien es cierto, es complicado de llevar a cabo. La tendencia general de las empresas va en esta línea, pero no solo se ha de cimentar sobre un cambio de ideología desde la directiva, sino también desde los **empleados** quienes son la **fuerza real a desarrollar para llevar a cabo estos cambios.** Sus actitudes, su forma de actuación, su implicación con el proyecto corporativo, etc., son elementos fundamentales para llegar al éxito.

NOTA

José Antonio del Moral es consultor experto en nuevas tecnologías y redes sociales. Fue el fundador de Ya.com, uno de los primeros portales de internet. Además es fundador de Alianzo, una empresa que ofrece soporte a proyectos de comunicación *online* entre empresas y particulares.

- -

Esta necesaria transformación hacia la 2.0, trae consigo otra acuciante necesidad y es la de **analizar y escoger aquellas herramientas, recursos y estrategias de carácter, que pueden ayudar a la empresa** en su desarrollo, en su evolución, en la implantación y ampliación de su imagen, producto, actividad, a una forma de aplicación donde el espacio virtual, *online* se está conformando como una cuestión esencial y una vía de desarrollo a tener en cuenta.

Espacios como la **página web,** suponen un auténtico escaparate para el servicio o producto de una empresa; un **blog,** puede ser un canal de información y comunicación con los usuarios de la empresa, además, de ser fiel reflejo de la filosofía de la misma, de su ideología y de sus estrategias; foros y chats, que junto con los blog, permiten interaccionar con los usuarios, resolver dudas y consultas, etc.; del mismo modo el **correo electrónico** es uno de los recursos más utilizados por los usuarios, espacios donde colocar documentos, catálogos, vídeos de la empresa, etc., constituyen un elemento que ofrece una imagen muy innovadora a la empresa.

Todos estos espacios y recursos, requieren de la adquisición, por parte de directivos y trabajadores, de ciertas habilidades y conocimientos que hasta ahora no se habían dado. Implica la actualización y reciclaje formativo constante de la plantilla. Todo tiene un lado menos motivante.

Por otra parte, la empresa ha visto en las **redes sociales** un recurso esencial, otorgándole un papel fundamental en su desarrollo hacia la empresa 2.0.

Las redes sociales implican un **proceso de socialización del negocio,** de la empresa, que va mucho más allá que simplemente crear un blog o un foro.

La idea de generar una empresa conlleva de forma implícita fomentar en los miembros de la misma, la implicación, la pertenencia y el sentido de comunidad. Aunque este proceso no es tan sencillo, no se consigue con tan solo utilizar las herramientas disponibles.

Como miembro de la comunidad (tu empresa, tus clientes, tus compañeros, etc.), trae consigo la necesidad de compromiso con mi comunidad, estar abierto a la participación, promocionarla, ser accesible, generar confianza a los clientes, etc., y sobre todo entender que la comunidad es un ente vivo, que crece cada día, que está viva y que hay que atenderla.

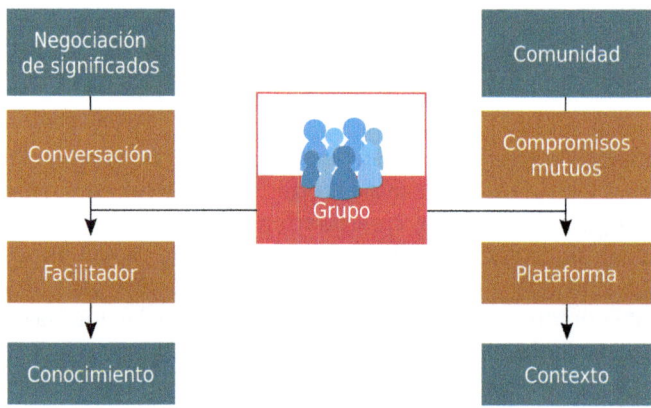

Siguiendo lo que comenta Fernando Tellado en su blog, la **empresa 2.0:**

Ha de ser líder, innovadora, ha de estar un paso por delante en el negocio, y anticipándose a los movimientos de sus usuarios y comunidad.

De forma sintética, la empresa 2.0 se caracteriza, según establece lo recogido en el blog web 2.0, por los siguientes aspectos:

- ➲ **Transforma sus operaciones y forma de trabajo, creando redes sociales entre clientes, empleados y asociados.** Esto permite a que todos aquellos involucrados en los procesos ante y *post* venta estén comunicados. De esta manera cada uno puede aportar desde sus perspectivas mejorando el producto final.
- ➲ **Extiende su presencia y alcance más allá de los límites locales y regionales.** Al estar conectados, usted es miembro de la red. Esto le da acceso a todos los hogares que poseen un ordenador. Solo necesitará delimitar bien su público objetivo para realizar una campaña innovadora.
- ➲ **Converge voz, data y vídeo a través de un solo medio, internet.** Los medios de comunicación convencionales no permiten explotar todos los sentidos de las personas para que reciban su mensaje.
- ➲ **Utiliza blogs y wikis, para documentar en tiempo real la operación del negocio.** Todas las personas interesadas en la empresa pueden enterarse de los acontecimientos o noticias en tiempo real sucedidos con relación a la organización.

⮕ **Puede disfrutar de las ventajas competitivas de una empresa grande.** El gran margen de acción que otorga Internet permite elaborar estrategias y campañas de gran envergadura con bajos presupuestos. Anteriormente las estrategias más importantes eran exclusivas de las empresas grandes por su gran poder de inversión, pero con la web este mito está quedando en el pasado.

⮕ **Libertad para sus empleados que pueden trabajar en cualquier lugar, solo les basta estar conectados.** El trabajo, años atrás, estaba destinado a una oficina gastando recursos innecesarios como alimentación, espacio y transportes. Con la web 2.0, las personas solo necesitan tener conexión a internet para desempeñar diversas funciones con la misma o mayor eficacia de antes.

2.1. Potenciales propuestas para la empresa 2.0

De forma concreta, y teniendo en cuenta las implicaciones vistas en los párrafos anteriores, en las empresas se están llevando a cabo **estrategias de carácter 2.0,** estas son:

Comunicación empresarial.	Potenciación de la imagen corporativa.	Campaña de difusión y publicidad.
Comunicación con el cliente.	Fidelización del cliente.	Desarrollo de relaciones públicas.

Continúa en página siguiente >>

<< Viene de página anterior

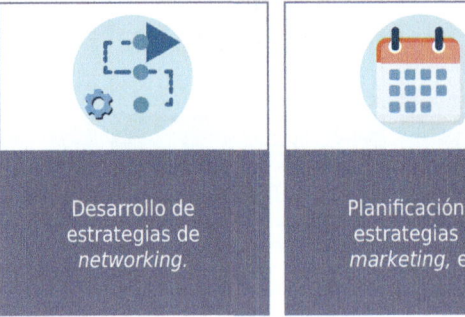

Crear y ampliar una red de contactos.	Desarrollar un red de colaboración e intercambio de información con proveedores.	Formación de grupos.
Actualización e información de empleados, departamentos, etc.	Colaboración con otras empresas.	Encuentros con expertos y profesionales del mismo gremio.
Desarrollo de estrategias de *networking*.	Planificación de estrategias de *marketing*, etc.	

 **TAREA 3**

Estefanía se ha jubilado y ha decidido dejar a cargo de su negocio de antigüedades a su hija Carlota. El negocio se encuentra en un pequeño pueblo burgalés, y aunque tiene buenos productos a buenos precios, la clientela del establecimiento

Continúa en página siguiente >>

<< Viene de página anterior

es bastante limitada. Esta situación ha llevado a Carlota a dar presencia a la tienda en las redes sociales, y abrir una tienda *online.*

Determina cómo influye la web 2.0 en la sociedad actual y determina por qué es necesario integrarla en las empresas.

---

3. Resumen

La aparición de la web 2.0 ha tenido consecuencias trascendentales tanto en el ámbito personal como empresarial.

Hoy en día cualquier empresa que se precie ha de usar las herramientas que la web 2.0 pone a nuestra disposición para aumentar el público obje- tivo al que dirige sus productos, ya que parte del éxito o el fracaso de un comercio puede encontrarse directamente relacionado con el uso de las redes sociales, blogs, etc.

Los principales aspectos que deberían poner en práctica las empresas se- gún José A. del Moral, son los siguientes:

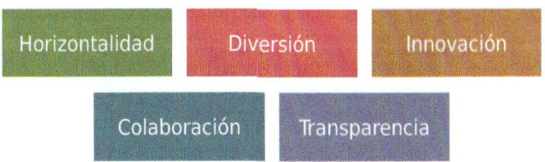

Caracterizándose de esta manera una empresa 2.0, según establece lo reco- gido en el blog web 2.0, de los siguientes aspectos:

> Transforma sus operaciones y forma de trabajo, creando redes sociales entre clientes, empleados y asociados.

Continúa en página siguiente >>

<< Viene de página anterior

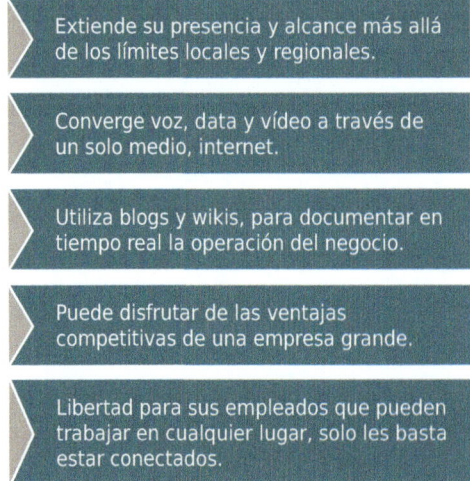

Por lo que para este fin se plantean estrategias de carácter 2.0 como las siguientes:

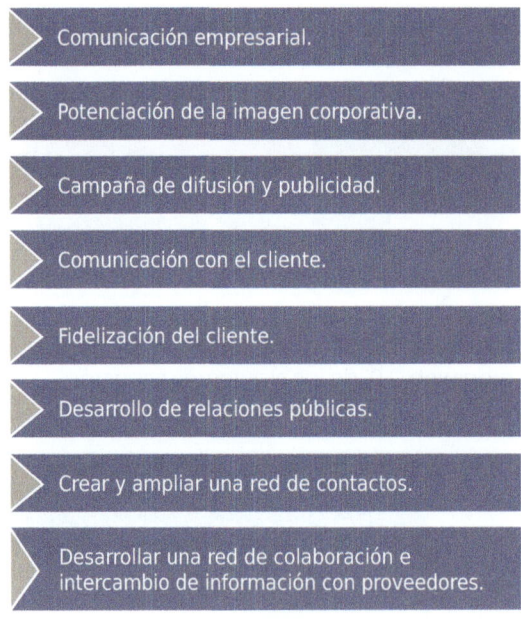

Continúa en página siguiente >>

<< Viene de página anterior

Formación de grupos.

Actualización e información de empleados, departamentos, etc.

Colaboración con otras empresas.

Encuentros con expertos y profesionales del mismo gremio.

Desarrollo de estrategias de *networking*.

Planificación de estrategias de *marketing*, etc.

Ejercicios de autoevaluación
Unidad de Aprendizaje 3

1. Indica si las siguientes afirmaciones son verdaderas o falsas.

a. La web 2.0 permite que cualquier persona pueda publicar noticias u otro contenido en la web.

- Verdadero
- Falso

b. La filosofía 2.0 requiere que la empresa sea todo en la vida del empleado, que se implique, sea creativo y pueda enriquecerse con su trabajo.

- Verdadero
- Falso

c. El empleado 2.0 es inquieto y abierto a explorar nuevas formas de hacer las cosas, y esto debe fomentarse desde la empresa.

- Verdadero
- Falso

d. En la empresa 2.0 las decisiones se encuentran centralizadas, tomándose por la gerencia, aunque siempre con la colaboración y opinión de los mandos intermedios.

- Verdadero
- Falso

2. ¿Cuál de las siguientes características son propias de una empresa 2.0?

a. Transforma sus operaciones y forma de trabajo, creando redes sociales entre clientes, empleados y asociados.
b. Tiene presencia solo en los límites locales y regionales.
c. Utiliza únicamente blogs y redes sociales para documentar en tiempo real la operación del negocio.
d. Puede disfrutar de las ventajas competitivas de una empresa grande.

Evaluación a la web 3.0

Contenido

Objetivos

El objetivo general de esta Unidad de Aprendizaje es:

→ Explorar la evolución de la web 3.0.

El objetivo específico de esta Unidad de Aprendizaje es:

→ Conocer las principales características y utilidades de la web 3.0.

1. Introducción

Hasta el momento, la web 2.0 parece haber ocupado por completo la red. En los blog, foros y páginas de internet en general se habla constantemente de este término, y aunque la web 2.0 como se ha visto llegó en el 2000 para quedarse, la realidad es que la tecnología sigue avanzando y exprimiendo las posibilidades de internet.

Desde 2010 y en la actualidad lo que está en boca de todos es la **web 3.0.** Todo aquello que nos puede ofrecer ahora internet, es para muchas personas "tocar el futuro con las manos".

2. ¿Qué es la web 3.0?

La web 3.0 es todo aquello que imaginaban hace años los guionistas de cine que haría internet por mejorar la calidad de vida de las personas usuarias: ropa inteligente, el acceso y navegación en Internet desde el espejo del cuarto de baño de casa, multitud de aplicaciones en los dispositivos móviles, etc.

La web 3.0 es capaz de **reconocer el lenguaje coloquial de las personas,** por lo que es más fácil de utilizar. Esta web permite navegar todo el tiempo y además sin limitaciones tanto desde dispositivos fijos como portátiles.

Comparativa gráfica entre la Web 1.0, Web 2.0 y Web 3.0 respecto a estructura de la Web, comportamiento de usuarios/as

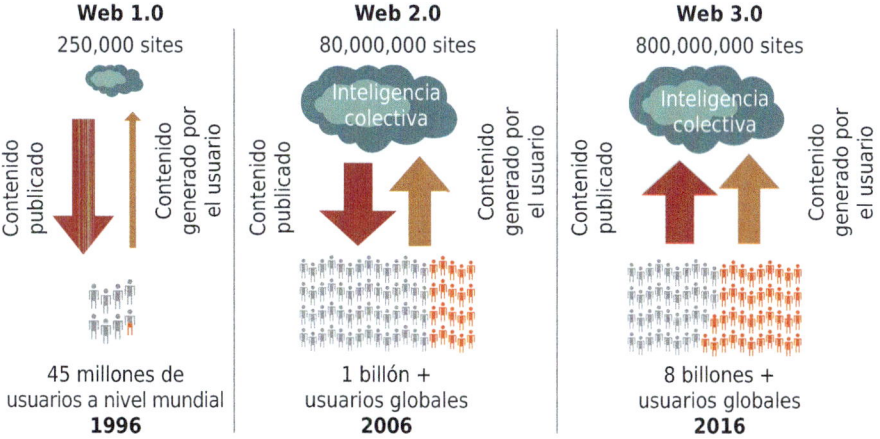

Web 1.0	Web 2.0	Web 3.0
250,000 sites	80,000,000 sites	800,000,000 sites
45 millones de usuarios a nivel mundial **1996**	1 billón + usuarios globales **2006**	8 billones + usuarios globales **2016**

Las casas de las personas contarán en poco tiempo con internet en todas las habitaciones, electrodomésticos, etc. El ordenador personal conocerá los gustos de la persona usuaria, por el móvil llegará la información que a la persona le interese y la nevera detectará los productos faltantes para enviar luego el pedido al supermercado. Además, desde el electrodoméstico, se podrán visitar sitios de recetas.

La web 3.0 permite que el televisor también esté conectado a internet, por lo que se puede utilizar como un ordenador o ver televisión a la carta. El equipo de música será capaz de detectar el gusto del oyente recibiendo información de las listas de reproducción desde la web o programas y aplicaciones del ordenador personal.

En definitiva, de eso trata la web 3.0, de **páginas capaces de comunicarse con otras páginas mediante procesamiento de lenguaje natural,** y, es justo aquí cuando cobra sentido el **nexo entre la web semántica y la web 3.0.** Esta es la principal interpretación que se hace de este término (Calderón, M., 2001).

 **VÍDEO**

Puedes visualizar un vídeo sobre la web semántica, accediendo desde aquí:

https://redirectoronline.com/adgg081po0157

3. Definición de la web 3.0 y web semántica

Realizar una definición de lo que es la web 3.0 no es tarea fácil pues no existe aún consenso entre diferentes expertos de lo que supone esta nueva evolución de la web.

El término fue ya acuñado en 2001. En este año, American Boauthored Berners-Lee escribió un artículo científico en el que describía la web 3.0 como el lugar en el cual las máquinas pudiesen leer páginas web con la misma facilidad con la que lo hacen las personas.

Otros términos que se han utilizado para definir la web 3.0, hacen referencia a la transformación de la web en una base de datos, un movimiento hacia la fabricación de contenido accesible para múltiples buscadores, la influencia de la inteligencia artificial, la web semántica o la web geoespacial.

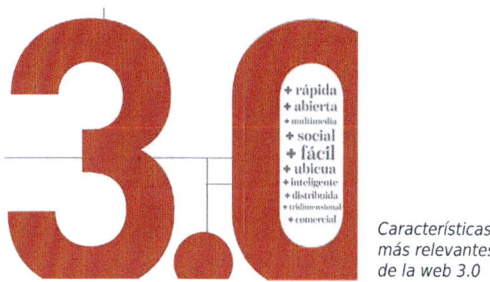

Características
más relevantes
de la web 3.0

Calderón (2001) explica que en lo que a su aspecto semántico se refiere, la web 3.0, es una extensión del *World Wide Web* en el que se puede expresar no solo lenguaje natural, también se puede utilizar un lenguaje que se puede entender, interpretar utilizar por agentes *software,* permitiendo de este modo encontrar, compartir e integrar la información más fácilmente.

La web 3.0 elimina casi por completo las diferencias en el lenguaje entre persona y máquina. Sus servicios se fundamentan en la búsqueda del lenguaje natural, asistencia de agentes y aprendizaje automático. Es decir, la web 3.0 se apoya y aprovecha todas las técnicas de la **inteligencia artificial o inteligencia web.**

Este acercamiento en el lenguaje entre persona y máquina es la que hace que muchos expertos llamen a esta web 3.0 la web semántica.

ACTIVIDAD COMPLEMENTARIA

3. Algunos autores han definido la web 3.0 como el lugar en el cual las máquinas pudiesen leer páginas web con la misma facilidad con la que lo hacen

Continúa en página siguiente >>

<< Viene de página anterior

las personas, pero ¿por qué motivo crees que las máquinas necesitan leer la información de las páginas web?

Esta web semántica realiza un **filtrado automático y preciso de la información** que hace que la información que está en la web sea entendible para la propia máquina (ordenador, móvil, coche, navegador, ropa, robots, etc.).

Ejemplos sencillos del significado de web 3.0 o web semántica son muchas de las aplicaciones que hoy en día están a nuestro alcance para móviles. Hoy en día los móviles son "inteligentes" y brindan una amplia variedad de posibilidades a las personas gracias a estas aplicaciones llamadas *app.*

 EJEMPLO

Vlingo es un ejemplo muy claro del uso de la búsqueda del lenguaje natural entre la persona y la máquina.

Sirve para automatizar tareas ejecutándolas simplemente a través de la voz. Es una aplicación multiplataforma que permite a través del lenguaje del usuario o usuaria, mandar correos, hacer llamadas, enviar mensajes de texto, o utilizar el GPS.

Con *Vlingo*, se podría dar la siguiente conversación entre la persona y el móvil:

- Persona: "Hola Vlingo".
- Vlingo (Móvil): "Hola. ¿Qué deseas hacer?"
- Persona: "Llamar a casa".
- Vlingo: "Llamando a casa, diga cancelar para cancelar la llamada".

Calderón (2001) determina que la web semántica trata sobre diferentes ámbitos. Por un lado es un **conjunto de lenguajes y procedimientos** para poder añadir esa semántica a la información para que sea entendible por los agentes encargados de procesarla. Y por el otro lado trata el **desarrollo y la construcción** de los agentes encargados de procesar esa información y filtrar la que es útil para los usuarios o para agentes que tienen que realizar una determinada función. Con este fin, los agentes deben recuperar y manipular la información pertinente, lo que requiere una integración sin fisuras con la web y aprovechar totalmente las infraestructuras existentes.

Nos explica también que al dotar a la web de semántica y gracias a la utilización de una infraestructura común, pueden obtenerse soluciones a problemas habituales en la búsqueda de información siendo posible compartir, procesar y transferir información de forma muy sencilla.

4. Tecnologías actuales en la web 3.0

Una de las primeras menciones a una supuesta web 3.0 corresponde a un artículo publicado en *ZDNet* en noviembre del 2005 por Phil Wainewright, en el que proporcionaba una visión técnica de la futura web centrada en las aplicaciones de empresa (Codina, 2009).

El concepto de web 3.0 también se está asociando a otro concepto, la **web 3D,** como se sabe, el 3D es el **diseño tridimensional de las vistas virtuales de cualquier objeto** a partir de tres lados distintos simultáneamente y esta tecnología se está introduciendo en internet, películas, dispositivos móviles, juegos, modelos de realidad virtual, soluciones multimedia, redes, telecomunicaciones *online,* compras *online,* etc.

Hoy en día se puede visitar un museo sin salir de la habitación de casa. A través de internet y en la web del museo, una persona usuaria puede ver la imagen real de un edificio, cualquier localización u objeto y caminar a lo largo de dicha localización sin siquiera moverse de su ordenador.

NOTA

"Ahora, la tecnología 3D se ha pasado a Internet mediante la web 3.0, y se ha convertido en una nueva tendencia en la web. Ahora los usuarios pueden ir de caza a través de la ciudad, viajar por el mundo o pueden caminar por un mundo virtual Second-Life, navegando por los datos e interactuando con otros a lo largo de la web 3.0" (Calderón, M., 2001).

Otra tecnología, además del 3D, que también aprovecha la web 3.0 es lo que algunos expertos llaman la **web penetrante.** El nombre hace alusión precisamente al **carácter omnipresente de la red,** que ya no solo está en los ordenadores, sino que los traspasa para penetrar en otros espacios ya mencionados: móviles, televisores, navegadores, automóviles, electrodomésticos, ropa, zapatos.

Imagina que las ventanas de su casa tengan acceso a internet, controlen la temperatura y automáticamente abran o cierren cristales, o suban o bajen cortinas y persianas o controlen los sistemas de climatización de toda la casa. Pues existe y es gracias a la web 3.0 y a esta tecnología.

Comparativa gráfica entre la Web 1.0, Web 2.0 y Web 3.0

Finalmente, se muestra un cuadro comparativo en el que se pueden observar algunas **diferencias entre web 2.0 y web 3.0:**

Web 2.0	- *Software* de escritorio trasformado en aplicación web. - Web que respeta los estándares del XHTML. - Permite la creación de contenidos. - Permite la sindicación de contenidos. - Se utiliza *Ajax*. - Utilización de redes sociales al manejar usuarios y comunidades. - Se da control total a las personas usuarias para el manejo de la información. - Facilita el posicionamiento con URL sencillos.
Web 3.0	- Aplicación web con mucho *Ajax*. - Pueden trabajar diferentes páginas y diferentes aplicaciones integradas. - Pueden ser ejecutadas desde cualquier dispositivo: teléfono, electrodomésticos, móvil, ordenador, ropa, etc. - Son muy rápidas y muy personalizables. - Fáciles de distribuir viralmente (por mensajería, correo electrónico, redes sociales, etc. - La web como uso cotidiano.

 TAREA 4

Hogar 3.0 es una empresa especializada en domótica que acaba de poner en marcha un ambicioso proyecto de I+D basado en la integración de internet en los principales sistemas de la vivienda: alarma, iluminación, control de temperatura, etc.; basándose para ello en la web 3.0.

Explica cuáles son las principales características y utilidades de la web 3.0.

5. Resumen

En cuanto a la web 3.0, Calderón M, (2001) nos explica que en lo que a su aspecto semántico se refiere, la web 3.0 es una extensión del *World Wide Web* en el que se puede expresar no sólo lenguaje natural, también se puede utilizar un lenguaje que se puede entender, interpretar utilizar por agentes *software,* permitiendo de este modo encontrar, compartir e integrar la información más fácilmente.

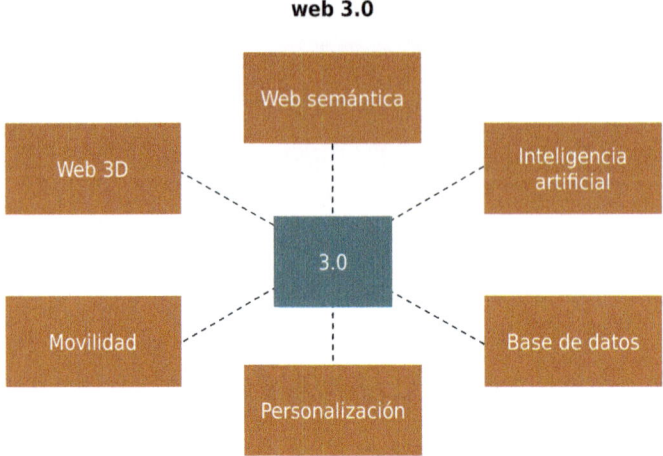

La web 3.0 elimina casi por completo las diferencias en el lenguaje entre persona y máquina. Sus servicios se fundamentan en la búsqueda del lenguaje natural, asistencia de agentes y aprendizaje automático. Es decir, la web 3.0 se apoya y aprovecha todas las técnicas de la inteligencia artificial o inteligencia web.

Lenguaje entre persona y máquina

Ejercicios de autoevaluación
Unidad de Aprendizaje 4

1. Indica si las siguientes afirmaciones son verdaderas o falsas.

a. La web 2.0 es capaz de reconocer el lenguaje coloquial de las personas, por lo que es más fácil de utilizar.

■ Verdadero
■ Falso

b. La web 3.0 son páginas capaces de comunicarse con otras páginas mediante procesamiento del lenguaje natural.

■ Verdadero
■ Falso

c. La web 3.0 se apoya y aprovecha todas las técnicas de la inteligencia web.

■ Verdadero
■ Falso

2. ¿Cómo se denomina la tecnología que hace referencia al carácter omnipresente de la red?

a. Web 3D
b. Web penetrante
c. Web omnipresente
d. Web 2.0

3. Determina cuál de las siguientes es una característica de la web 3.0.

a. Facilita el posicionamiento con URL sencillos.
b. Permite la sindicación de contenidos.
c. *Software* de escritorio transformado en aplicación web.
d. Son muy rápidas y personalizables.

Glosario

Ajax
Es una técnica de desarrollo web que se utiliza para crear aplicaciones que interactúan con el usuario.

App
Aplicaciones informáticas específicas para móviles y tabletas.

Arpanet
Aplicación que supuso los pilares de internet, fue creada en la década de los 60 por el Departamento de Defensa de Estados Unidos.

Beta
Se denomina con este elemento a los programas informáticos que se encuentran en periodo de prueba, es decir, son versiones previas al *software* final.

Blog
Los blogs son espacios virtuales que permiten publicar en línea de forma instantánea.

Blogging
Herramientas que nos ayudarán a mejorar el uso de nuestros blogs.

Chat
Es una forma de comunicación escrita inmediata entre dos o más personas a través de internet.

Chip
Pieza elaborada con un material conductor que integra varios circuitos electrónicos.

Correo electrónico
Servicio de red que permite a los usuarios enviar y recibir mensajes rápidamente mediante sistemas de comunicación electrónicos.

Crowdsourcing
Sitios donde el trabajo de muchos usuarios se convierte en mejores soluciones para ciertas problemáticas.

Foro
Estructura jerárquica que se compone de diferentes grupos de conversación.

Hipertexto
Es un sistema de organización y presentación de datos que permite crear, agregar, compartir y enlazar textos o gráficos a otros fragmentos.

HTML
Son las siglas de *HyperText Markup Languaje,* cuya traducción al castellano es: lenguaje de marcas de hipertexto. Es el lenguaje informático utilizado para crear las páginas web.

Link
El término *link* proviene del inglés, y hace referencia a los enlaces que conectan con las páginas web.

Lista de reproducción
Conjunto de canciones que comparten un género musical común, o que son del gusto de un individuo concreto.

Marketing viral
Técnica de *marketing* que utiliza reclamos que captan muy bien la atención del consumidor, hasta el punto que los propios consumidores se hacen partícipes de la campaña, compartiendo o comentando los contenidos o el mensaje de la misma.

Meme
Neologismo inventado por Richard Dawkins por su semejanza fonética al término gen (en inglés) y que se refiere a la información mínima acumulada en nuestra memoria y captada generalmente por imitación, mimesis, por enseñanza o por asimilación.

Networking
Consiste en crear una red de contactos en el ámbito profesional que nos ayude a darnos a conocer, aprender de otras empresas, encontrar posibles socios, proveedores, clientes, etc.

Postear
Remitir un mensaje al público mediante un foro, bitácora, grupo de noticias u otro medio informático similar.

Procesamiento del lenguaje natural
Tecnología de inteligencia artificial que se encarga de analizar la comunicación entre el ordenador y las personas.

Pseudónimo
Nombre que se utiliza en determinadas ocasiones para reemplazar el propio.

Redes sociales *offline*
Aquellas en las que las relaciones entre sus miembros se desarrollan sin ningún tipo de mediación tecnológica.

Redes sociales *online*
Aquellas en las que los usuarios se relacionan a través de medios electrónicos.

Red social
Estructura formada por personas u organizaciones que comparten una serie de intereses o valores comunes y se relacionan entre sí.

RSS
Acrónimo de *Really Simple Sindication,* es un sistema que permite suscribirte a los contenidos que te interesan, informándote de las publicaciones mediante correo electrónico.

Scripts
Conjunto de órdenes programadas guardadas en un archivo de texto.

Servidor de correo
Ordenador que hace de intermediario en el envío y recepción de correos electrónicos entre los usuarios.

Weblog
Herramienta similar a la wiki que cuenta con un titular de la página y en la que los visitantes solo pueden dejar comentarios.

Wiki
Entornos organizados mediante una estructura hipertextual de páginas que pueden ser visitadas, editadas y modificadas por cualquier persona.

World Wide Web
Su abreviatura es www, es una red informática que permite la distribución de archivos de hipertexto a los que se accede por internet.

Bibliografía

Monografías

→ CELAYA, J. y HERRERA, P.: *Comunicación Empresarial 2.0.* Barcelona: Grupo BPMO, 2007.

→ CELAYA, J.: *La empresa en la web 2.0: el impacto de las nuevas redes sociales en la estrategia empresarial.* Barcelona: Gestión 2000, 2011.

→ GRANE, M. y WILLEM, C.: *Web 2.0: nuevas formas de aprender y participar.* Barcelona: Laertes, 2009.